AVR ATmega128을 이용한

에너지 절감형 미니모바일 로봇

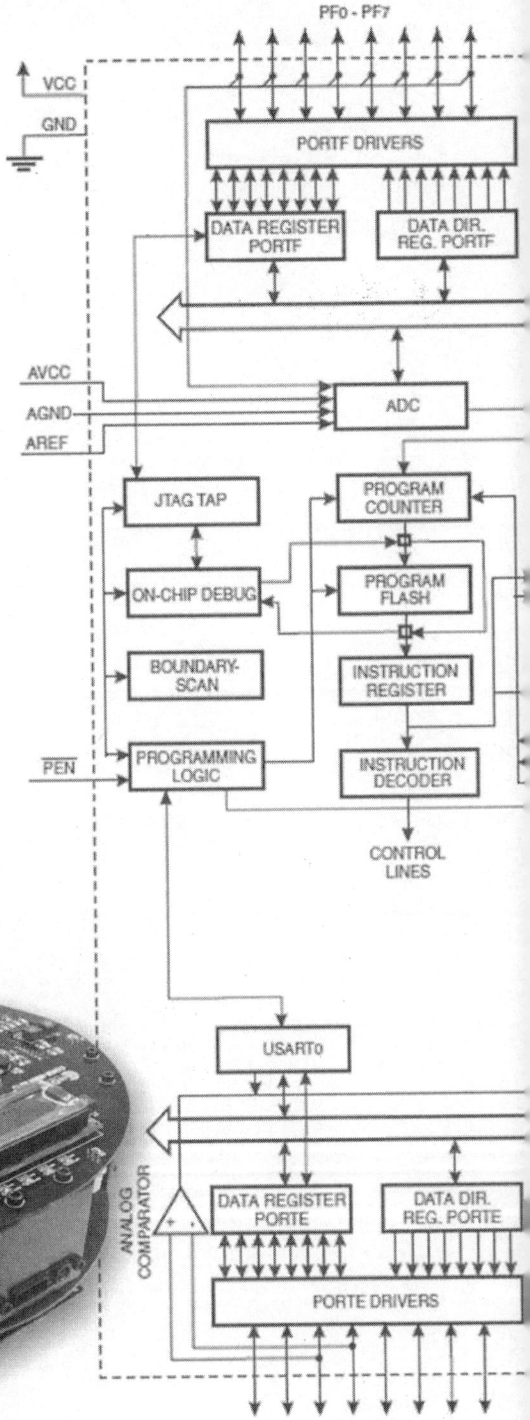

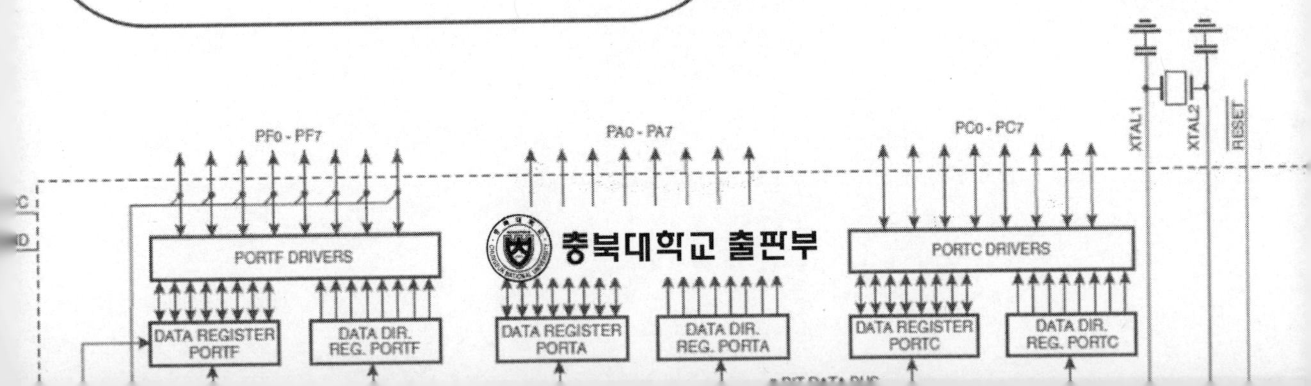

충북대학교 출판부

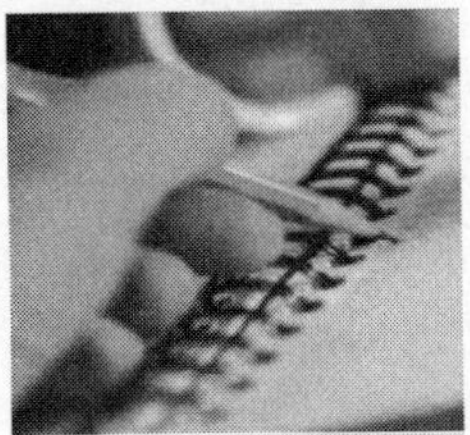

CONTENTS

AVR ATmega128을 이용한 에너지 절감형 미니모바일 로봇

I. 제 1 장 ATmega128 이론

1 ATmega128 마이크로 컨트롤러의 이해

마이크로 프로세서와 마이크로 컨트롤러

우리가 일상생활에서 사용하고 있는 많은 전자제품 들이 디지털 방식으로 바뀌고 있다. 송도 아날로그 방송에서 디지털방송으로 바뀌고, CD, DVD, 통신기기, 냉장고, 에어컨 등 가전제품부터 산업체의 생산 장비, 자동차, 항공기, 로봇, 미사일 등 최첨단 시스템에 이르기까지 거의 모든 시스템에서 디지털화 되어 가고 있다. 이러한 디지털화에 핵심적인 장치가 마이크로프로세서이다.

마이크로프로세서(microprocessor)는 매우 작은 크기를 뜻하는 마이크로(micro)와 처리기를 뜻하는 프로세서(process)가 합쳐진 용어로써, 매우 작은 처리기를 의미한다. 이는 연산 장치, 제어장치, 각종 레지스터들을 1개의 IC 소자에 집적시킨 것이다. 마이크로프로세서를 CPU(Central Processing Unit)로 사용하여 만든 소형 컴퓨터를 마이크로컴퓨터(Microcomputer)라고 한다.

마이크로컨트롤러(microcontroller)는 매우 작은 크기를 뜻하는 마이크로(micro)와 제어기를 뜻하는 컨트롤러(Controller)가 합쳐진 용어로써, 매우 작은 제어기를 의미한다. 이는 마이크로프로세서에 메모리(ROM, RAM), 입출력, 아날로그 입력, 타이머/카운터, 통신 기능 등 제어 인터페이스 회로를 단일 칩에 내장한 것이다. 많은 기능을 포함하고 있어 외부 회로를 간단히 구성할 수 있고, 주변 장치 연결이 줄어들어 소형으로 제어 시스템을 구성할 수 있어 많이 사용되어지고 있다. ATmega128은 마이크로 컨트롤러에 포함된다.

1.1 ATmega128의 특징

다음은 ATmega128의 매뉴얼의 첫 페이지로 ATmega128의 특징 및 사양을 기술하고 있다. AVR은 Atmel 사에서 등록한 이름으로 AVR 시리즈를 나타낸다. AVR 시리즈 마이크로컨트롤러는 적합한 응용분야에 사용될 수 있도록 기능 및 성능에 따라 크게 32비트(UC3), 8/16비트 XMEGA, 8비트 megaAVR, 8비트 tinyAVR, 배터리 관리형 AVR, 자동차형 AVR등 여러 종류의 마이크로컨트롤러가 있다. ATmega128은 AVR 시리즈 중 Mega 계열이며, 8비트 마이크로프로세서를 내장하고 있음을 의미한다.

ATmega128은 다음과 같은 특징을 가지고 있다.

① 고성능 저 전력형의 8비트 마이크로컨트롤러

② 진보된 RISC 구조

- 133개의 강력한 명령어, 대부분 1클럭 사이클에 실행
- 32 x 8 범용 동작 레지스터와 주변 장치 제어 레지스터
- 완전 정적 동작
- 16MHz 환경에서 16MIPS 이상의 성능 (MIPS : Million Instruction Per Second)
- 2 사이클 곱셈기를 칩에 내장

③ 비휘발성 프로그램과 데이터 메모리

프로그램 메모리와 데이터 메모리가 별도로 구성된 하버드 구조(Harvard Architecture)를 사용

- 128Kbyte In-System Reprogrammable Flash Memory
  128Kbyte의 프로그램용 플래시 메모리를 가지고 있으며, ISP방식으로 프로그램을 10,000번까지 프로그램을 지우고 다시 쓸 수 있다. ISP를 수행하기 위해서 전용 SPI 통신 인터페이스(PDI, PDO, SCK)를 제공한다.
- 독립 락 비트를 지원하는 옵션 부트 코드 섹션

- 칩에 내장된 부트 프로그램으로 In-System 프로그래밍 가능
- 4Kbyte EEPROM
  4KB의 데이터 저장용 EEPROM을 가지고 있으며, 이것은 100,000번까지 지우고 다시 쓸 수 있다.
- 4KB의 내장용 SRAM을 가지고 있다.
- 외부에 약 64KB의 외부 메모리 확장이 가능
- 소프트웨어 보안을 위한 프로그래밍 락(lock) 설정
- In-System 프로그램을 위한 SPI 인터페이스 방식을 지원

④ JTAG(IEEE std. 1149.1 호환) 인터페이스

- JTAG 표준에 따른 바운더리 스캔 제공
- 방대한 칩 내장형 디버깅 지원
- JTAG 인터페이스를 이용한 플래시 프로그램 메모리, EEPROM, 퓨즈 및 락비트 프로그래밍 가능

⑤ 주변 장치

- 2개의 8비트 타이머/카운터와 독립된 프리스케일러, 비교모드 제공
- 2개의 확장된 16비트 타이머/카운터와 독립된 프리스케일러, 비교모드, 갭쳐 모드
- 독립된 오실레이터를 갖는 실시간 카운터
- 2개의 8비트 PWM 채널
- 2비트에서 16비트로 프로그램 가능한 분해능을 갖는 6개의 PWM 채널
- 출력 비교 모듈레이터
- 8채널의 10비트 A/D변환기

-. 8개의 single-ended 채널

-. 7개의 Differential 채널

-. 1x, 10x, 200의 프로그램 가능한 Gain을 가지는 2개의 Differential 채널

- 바이트 기반 TWI(Two-Wire Serial Interface) 직렬 인터페이스
- 2개의 프로그램 가능한 직렬 USARTs
- Master/Slave SPI 직렬 인터페이스
- 내장 오실레이터를 갖는 프로그램 가능한 와치독 타이머
- 내장 아날로그 비교기

⑥ 그 외 기능

- 전원 투입 리셋과 프로그램 가능한 저 전압 검출 기능
- 조정 가능한 RC 오실레이터 회로를 사용
- 35개의 인터럽트 벡터(8개의 외부 인터럽트, 27개의 내부 인터럽트)
- 슬립모드로 여섯 개의 전원 절약 모드(휴면, ADC 잡음 저감, 전원 절감, 전원 차단, 대기, 확장 대기)
- 소프트웨어로 선택 가능한 클럭 주파수
- 퓨즈비트 설정으로 ATmega103 호환 모드
- 전체 Pull-up 설정 해제
- 53개의 프로그램 가능한 입출력 I/O
- 64핀 TQFP(Thim Quad Flat Package) 또는 64핀 MLF(Micro Lead Frame) 패키지
- ATmega128은 4.5~5.5V의 전원 전압에서 0~16MHz의 시스템 클록에서 동작하며, ATmega128L은 2.7~5.5V에서 0~8MHz로 동작한다.

1.2 ATmega128의 핀 구조 및 외부 구조

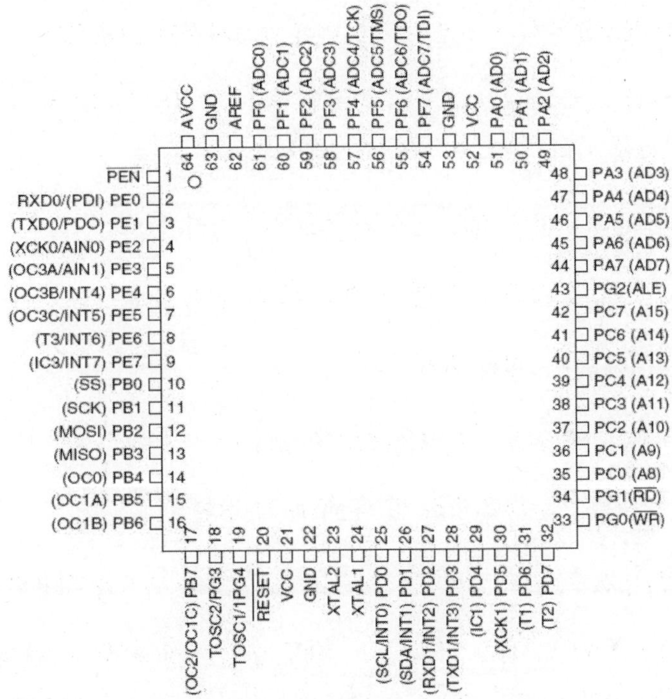

[그림 1] ATmega128 외부 핀 구조

[그림 2] ATmega128 외형

ATmega128은 [그림 2]와 같이 64핀을 가지고 있는 TQFP(Thin Quad Flat Pack) 형 또는 MLF(Micro Lead Frame)형이 있다. 각 핀에 대한 내용은 아래와 같다.

- /RESET(20) : Low 레벨이 입력되면 프로세서가 리셋된다.
- /PEN(1) : Programming Enable로 리셋시 low 상태를 유지하면 SPI 직렬통신에 의한 프로그래밍 모드로 들어가도록 허용하는 기능
- XTAL1(24) : 내부 클럭 발생 증폭회로의 입력 신호
- XTAL2(23) : 내부 클럭 발생 증폭회로의 출력 신호
- VCC (21, 51) : 전원 입력
- GND (22, 53, 63) : 그라운드
- AVCC (64) : A/D 컨버터 및 PORTF의 전원
- AREF (62) : A/D 컨버터의 기준 전압, 안정된 전압을 사용하여야 한다.
- PORTA (PA0 ~ PA7, 44 ~ 51) : 내부 풀업 저항(20kΩ ~ 50kΩ)이 있는 8비트 양방향 병렬 입출력 포트. DDRA 레지스터를 통하여 입출력 설정, PORTA 레지스터를 통하여 출력, PINA레지스터를 통하여 입력. 외부 메모리를 사용할 경우 주소버스 (A7 ~ A0)와 데이터 버스 (D7 ~ D0)로 사용.

포트 핀	다른 기능	설명
PA0	AD0	주소/데이터 비트 0
PA1	AD1	주소/데이터 비트 1
PA2	AD2	주소/데이터 비트 2
PA3	AD3	주소/데이터 비트 3
PA4	AD4	주소/데이터 비트 4
PA5	AD5	주소/데이터 비트 5
PA6	AD6	주소/데이터 비트 6
PA7	AD7	주소/데이터 비트 7

- PORTB (PB0 ~ PB7, 10 ~ 17) : 내부 풀업 저항(20kΩ ~ 50kΩ)이 있는 8 비트 양방향 병렬 입출력 포트. DDRB 레지스터를 통하여 입출력 설정, PORTB 레지스터를 통하여 출력, PINB레지스터를 통하여 입력. SPI용 단자 또는 PWM 출력 단자로도 사용함.

포트 핀	다른 기능	설명
PB0	$\overline{SS}$	SPI 슬레이브 선택 입력
PB1	SCK	SPI 버스 직렬 클럭
PB2	MOSI	SPI 버스 마스터 출력/슬레이브 입력
PB3	MISO	SPI 버스 마스터 입력/슬레이브 출력
PB4	OC0	타이머 카운터 0의 비교 일치와 PWM 출력
PB5	OC1A	타이머/카운터 1의 비교 일치와 PWM 출력 A
PB6	OC1B	타이머/카운터 1의 비교 일치와 PWM 출력 B
PB7	OC2/OCIC	타이머/카운터 2의 비교 일치와 PWM 출력/ 타이머/카운터 1의 비교 일치와 PWM 출력 C

- PORTC (PC0 ~ PC7, 35 ~ 42) : 내부 풀업 저항(20kΩ ~ 50kΩ)이 있는 8 비트 양방향 병렬 입출력 포트. DDRC 레지스터를 통하여 입출력 설정, PORTC 레지스터를 통하여 출력, PINC 레지스터를 통하여 입력. 외부 메모리를 사용할 경우 주소버스(A15 ~ A8)로 사용

포트 핀	다른 기능	설명
PC0	A8	주소 비트 8
PC1	A9	주소 비트 9
PC2	A10	주소 비트 10
PC3	A11	주소 비트 11
PC4	A12	주소 비트 12
PC5	A13	주소 비트 13
PC6	A14	주소 비트 14
PC7	A15	주소 비트 15

- PORTD (PD0 ~ PD7, 25 ~ 32) : 내부 풀업 저항(20kΩ ~ 50kΩ)이 있는 8비트 양방향 병렬 입출력 포트. DDRD 레지스터를 통하여 입출력 설정, PORTD 레지스터를 통하여 출력, PIND레지스터를 통하여 입력. 타이머용 단자 또는 외부 인터럽트용 단자(INT0 ~ INT3)로 사용

포트 핀	다른 기능	설명
PD0	INT0/SCL	외부인터럽트 0 / TWI 클럭
PD1	INT1/SDA	외부인터럽트 1 / TWI 데이터
PD2	INT2/RXD1	외부인터럽트 2 / USART1 수신
PD3	INT3/TXD1	외부인터럽트 3 / USART1 송신
PD4	ICP1	타이머1 입력 캡쳐
PD5	XCK1	USART1 외부 클럭 입출력
PD6	T1	타이머1 클럭 입력
PD7	T2	타이머2 클럭 입력

- PORTE (PE0 ~ PE7, 2 ~ 9) : 내부 풀업 저항(20kΩ ~ 50kΩ)이 있는 8비트 양방향 병렬 입출력 포트. DDRE 레지스터를 통하여 입출력 설정, PORTE 레지스터를 통하여 출력, PINE레지스터를 통하여 입력. 타이머용 단자 또는 외부 인터럽트용 단자(INT4 ~ INT7)로 사용

포트 핀	다른 기능	설명
PE0	PDI/RXD0	ISP의 프로그램 데이터 입력 / UART0 수신
PE1	PDO/TXD0	ISP의 프로그램 데이터 출력 / UART0 송신
PE2	AIN0/XCK0	아날로그 비교기 (+) 입력/ USART0 외부 클럭 입력/출력
PE3	AIN1/OC3A	아날로그 비교기 (-) 입력/ 타이머/카운터 3의 출력 비교와 PWM 출력 A
PE4	INT4/OC3B	외부 인터럽트 4/ 타이머/카운터 3의 출력 비교와 PWM 출력 B
PE5	INT5/OC3C	외부 인터럽트 5/ 타이머/카운터 3의 출력 비교와 PWM 출력 C
PE6	INT6/T3	외부 인터럽트 6 / 타이머/카운터 3의 클럭 입력
PE7	INT7/ICP3	외부 인터럽트 7 / 타이머/카운터 3의 캡처 입력

- PORTF (PF0 ~ PF7, 54 ~ 61) : 내부 풀업 저항(20kΩ ~ 50kΩ)이 있는 8비트 양방향 병렬 입출력 포트. DDRF 레지스터를 통하여 입출력 설정, PORTF 레지스터를 통하여 출력, PINF레지스터를 통하여 입력. A/D변환기 또는 JTAG 인터페이스용 단자로 사용

포트 핀	다른 기능	설명
PF0	ADC0	A/D 변환기 입력 채널 0
PF1	ADC1	A/D 변환기 입력 채널 1
PF2	ADC2	A/D 변환기 입력 채널 2
PF3	ADC3	A/D 변환기 입력 채널 3
PF4	ADC4/TCK	A/D 변환기 입력 채널 4 / JTAG 클럭
PF5	ADC5/TMS	A/D 변환기 입력 채널 5 / JTAG 모드 선택
PF6	ADC6/TDO	A/D 변환기 입력 채널 6 / JTAG 데이터 출력
PF7	ADC7/TDI	A/D 변환기 입력 채널 7 / JTAG 데이터 입력

- PORTG (PG0 ~ PG7, 33, 34, 43, 18, 19) : 내부 풀업 저항(20kΩ ~ 50kΩ)이 있는 8비트 양방향 병렬 입출력 포트. DDRG 레지스터를 통하여 입출력 설정, PORTG 레지스터를 통하여 출력, PING레지스터를 통하여 입력. 외부 메모리 접속을 위한 스트로브 신호(/WR, /RD, ALE), RTC(Real Time Counter)타이머용 수정 발진자 접속 단자로 사용

포트 핀	다른 기능	설명
PG0	/WR	외부 데이터 메모리에 쓰기 위한 스트로브 신호
PG1	/RD	외부 데이터 메모리를 읽기 위한 스트로브 신호
PG2	ALE	외부 데이터 메모리에 접근하기 위한 래치 신호
PG3	TOSC2	타이머 0의 RTC을 위한 동기 클럭 입력
PG4	TOSC1	타이머 0의 RTC을 위한 동기 클럭 입력

1.3 ATmega128의 내부 구조

ATmega128은 RISC(Reduced Instruction Set Computer) 기반의 8비트 마이크로 컨트롤러로서 프로그램 메모리와 데이터 메모리가 완전히 분리된 하버드구조(Harvard Architecture)를 가지고 있다. 이는 프로그램 메모리와 데이터 메모리가 구분되어 있어 프로그램 메모리에 데이터를 넣을 수도 없고, 데이터 메모리에 프로그램을 넣을 수도 없다. 그래서 내부에는 2가지로 구성되어있다.

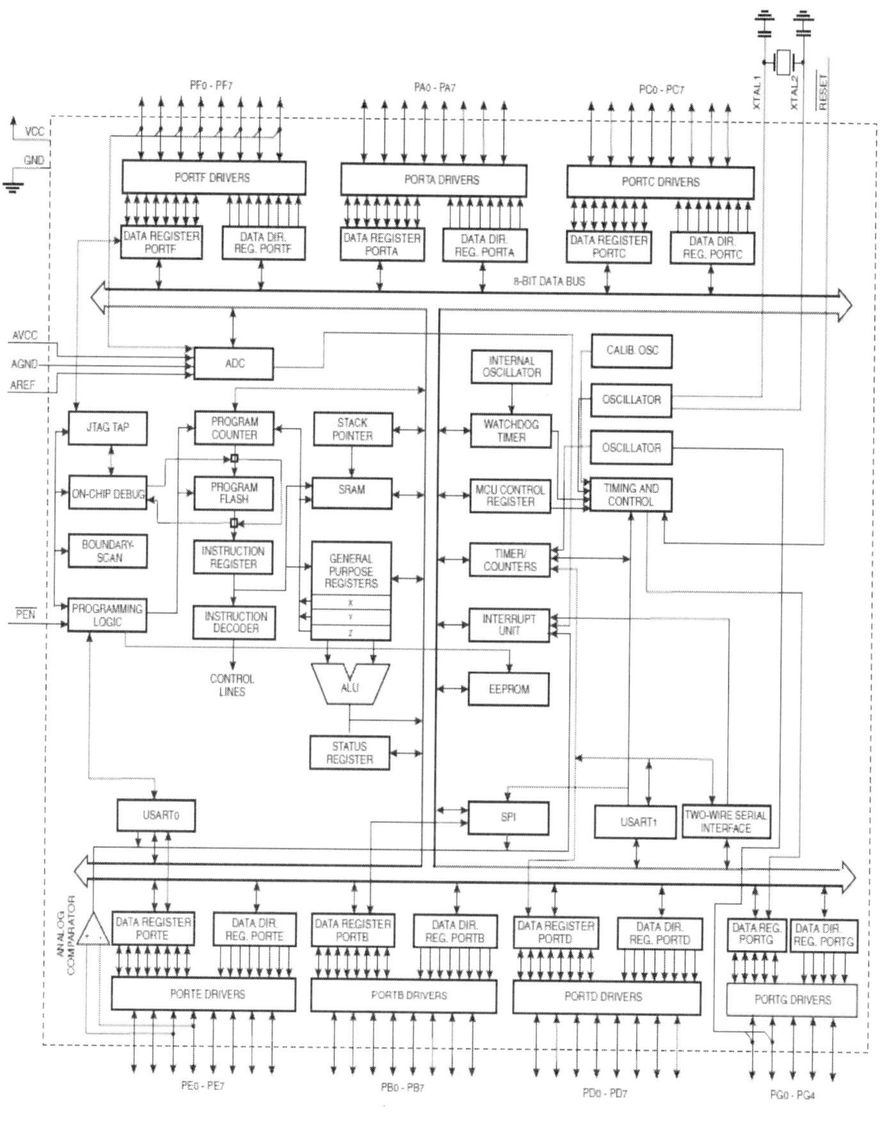

[그림 3] ATmega128의 내부 구조

[그림 3]은 ATmega128의 내부 구조를 나타내는 블록도 이다. 블록도에서 보면 프로그램 카운터(Program Counter), 프로그램 플래시(Program Flash), 명령 레지스터(Instruction Register), 명령어 해독기(Instruction decoder)등을 연결하는 버스가 프로그램 액세스용 버스이다. 또한 굵은 버스선으로 표시된 것은 데이터 액세스용 버스이다. 이는 내부에서 범용레지스터, SRAM, EEPROM과 같은 데이터 메모리와 각종 I/O, 외부 데이터 메모리 확장을 할 수 있는 시스템 버스에 연결되어 있다.

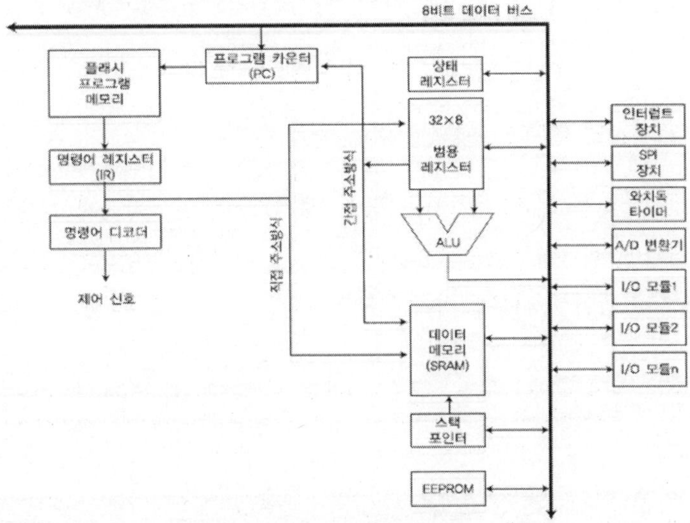

[그림 4] ATmega128 내부 구조

ALU

ALU(Arithmetic and Logic Unit)는 산술연산, 논리연산, 비트처리 등을 단일 클럭 사이클에 수행하고, 하드웨어 곱셈기를 내장하고 있어 부호 있는 정수나 부호 없는 정수의 곱셈 연산을 빠르게 수행한다.

범용 레지스터

[그림 5]와 같이 범용 레지스터는 1바이트 크기로 32개로 구성되어 있다. 이러한 것을 범용 레지스터 파일이라고 한다. 레지스터는 명령어 실행 시 ALU와 직접 연결되어 한 클럭에 연산을 수행하고 그 결과를 다시 저장한다. 32개의 범용 레지스터 중 마지막 6개는 각각 2개씩 합쳐서 3개의 16비트 레지스터 X, Y, Z로 사용된다.

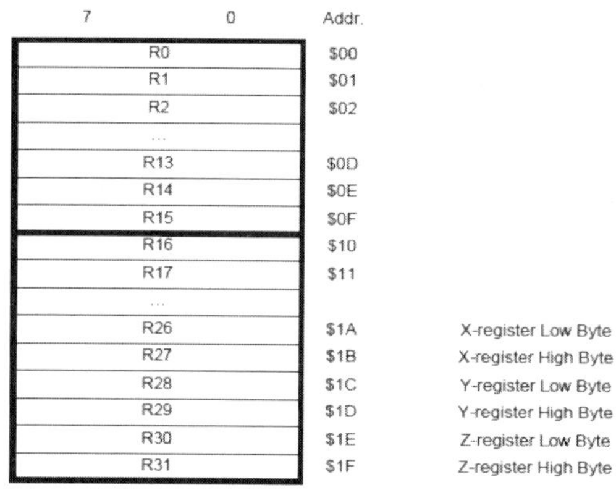

[그림 5] 범용 레지스터

상태 레지스터 (SREG, Status Register)

상태 레지스터는 읽기/쓰기가 가능한 레지스터이며, 최근에 실행된 산술연산 명령의 결과에 따른 상태를 나타낸다. 이는 다음에 실행되는 프로그램의 흐름을 제어하는 명령어로 사용될 수 있다.

Bit	7	6	5	4	3	2	1	0	
	I	T	H	S	V	N	Z	C	SREG
Read/Write	R/W	R/W	R/W	R/W	R/W	R/W	R/W	R/W	
Initial Value	0	0	0	0	0	0	0	0	

비트명	읽기/쓰기	초깃값	설명
I	R/W	0	**전역 인터럽트 활성화 비트** • 이 비트가 1이고, 개별적인 인터럽트 활성화 비트가 1이 되어야 인터럽트가 작동한다. • 인터럽트 서비스 루틴이 실행되면 자동으로 0이 되고, IRET 명령으로 인터럽트 서비스 루틴이 종료되면 자동으로 1이 된다. • SEI 명령으로 1, CLI 명령으로 0을 만들 수 있다.
T	R/W	0	**비트 복사/저장 비트** • BST 명령으로 레지스터의 한 비트를 T 비트에 복사한다. • BLD 명령으로 T 비트를 레지스터의 한 비트에 복사한다.
H	R/W	0	**반캐리(Half Carry) 비트** • 연산 결과 비트 3에서 비트 4로 캐리가 발생하면 1이 된다. • BCD(Binary-Coded Decimal) 연산에 유용하다.
S	R/W	0	**부호 비트** • $N \oplus V$, 음수 플래그와 2의 보수 오버플로 플래그의 배타적 OR
V	R/W	0	**2의 보수 오버플로 플래그** • 연산 결과 $b7 \oplus b6$, 비트 7과 비트 6의 배타적 OR
N	R/W	0	**음수 플래그** • 연산 결과 MSB가 1이면 음수 플래그가 1이 된다.
Z	R/W	0	**제로 플래그** • 연산 결과 모든 비트가 0이면 제로 플래그가 1이 된다.
C	R/W	0	**캐리 플래그** • 연산 결과 MSB에서 캐리가 발생하면 1이 된다.

상태 레지스터는 인터럽트를 처리할 때 자동으로 저장되거나 복구되지 않으므로 필요할 경우 사용자가 이를 소프트웨어로 처리하여야 한다. 즉, 인터럽트 발생으로 인터럽트 서비스 루틴에 진입 할 때는 소프트웨어적으로 반드시 장태 레지스터를 저장 및 복구하여야 한다.

-. 비트 7 (I 비트) : 전체 인터럽트를 허용하도록 설정하는 비트이다. 이 비트를 1로 셋팅하여야 인터럽트를 사용가능하며, 0으로 셋팅 시 인터럽트가 동작하지 않는다. 인터럽트 처리가 시작되면 자동적으로 클리어 되고 RETI 명령을 만나면 원래 상태로 복구 된다. 개별 인터럽트의 허용은 인터럽트 마스크 레지스터로 설정한다.

프로그램 카운터(PC, Program Counter)

서브루틴이나 인터럽트 호출시 이들을 처리하고 다시 본래 위치로 되돌아오기 위한 복귀 주소이다. 프로그램 카운터가 가리키는 명령어를 차례로 인출하면서 응용 프로그램을 수행한다. PC의 크기는 16비트이고, 플래시 프로그램 메모리 공간을 가리킬 수 있다.

스택 포인터 (SP)

스택은 임시 데이터, 로컬 변수, 호출된 함수의 복귀 주소등을 저장한다. 초기값은 0x0000인데 사용자 프로그램에서 SP의 초기값은 적어도 0x0100번지 이상의 값으로 설정한다. PC값이 저장될 때는 SP값이 1만큼 증가하고 증가된 SP 값이 가리키는 내부램에 하위 바이트(PCL)가 먼저 저장되고 다시 SP값이 1만큼 증가하고 증가된 SP값이 가리키는 내부 램에 상위바이트(PCH)가 저장된다.

PUSH와 POP은 1바이트 데이터만이 대상이 되는데 PUSH 명령이 내려지면 SP가 가리키는 스택 메모리 번지에 저장하고 나서 SP값을 1만큼 감소(post-decrement) 시킨다. 반대로 POP 명령을 사용하면 먼저 SP값을 1만큼 증가(pre-increment) 시킨 후에 SP가 가리키는 스택 메모리 번지에서 1바이트의 데이터를 꺼낸다. 단, 서브루틴 호출이나 인터럽트 발생시 16비트의 복귀 주소를 저장해야 하므로 2만큼 감소하며, 복귀 시는 2만큼 증가한다.

RAMPZ 레지스터 (RAM Page Z select)

Z레지스터(R30, R31의 쌍)로 LPM, ELPM, SPM 명령을 사용해 메모리값에 접근 할 때 RAMPZ0 =1 로 하면 0x8000에서 0xffff에 접근 하고 RAMPZ0= 0로 하면 0x0000에서 0x7fff에 접근 할 수 있다.

1.4 ATmega128의 메모리 구조

ATmega128의 메모리는 프로그램 메모리와 데이터 메모리가 분리된 하버드구조(Harvard Architecture)로 프로그램 메모리는 128K바이트 크기로 ISP가 가능한 플래쉬롬이 내장되어 있다([그림 6]의 좌측). 데이터 메모리는 크게 3가지 종류로 나눌 수 볼 수 있다. 내부 데이터 메모리로서의 SRAM과 내부 EEPROM, 외부 확장 데이터 메모리로 나눌 수 있다. [그림 6]의 우측의 데이터 메모리는 ATmega103과 호환되지 않는 일반 모드와 ATmega103호환 보드의 서로 다른 구성으로 사용할 수 있다.

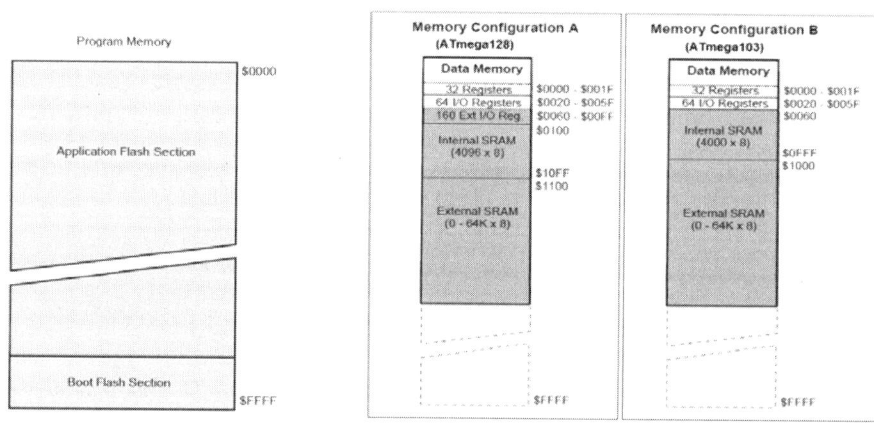

[그림 6] ATmega1128 메모리

프로그램 메모리

플래시 프로그램 메모리(Flash Program Memory)는 프로그램이 저장되는 비휘발성(Non-volatile)메모리며, 전원이 차단되어도 저장된 데이터는 변경이 되지 않는다. [그림 6]의 좌측과 같이 16비트 단위로 접근 가능한 128Kbyte의 주소 공간(0000 번지 ~ FFFF 번지)를 갖는 플래시 메모리가 프로그램 메모리로 내장되어 있다. 프로그램 메모리는 10000번까지 쓰기가 가능한 플래시 메모리로 부트로더 섹션과 응용 프로그램 섹션으로 나누어져 있다. 16비트 또는 32비트 구조로 되어 있는 각 명령어가 프로그램 메모리에 1~ 2개의 번지를 차지하며 저장된다. 이 프로그램 메모리는 SPI 직렬 통신 방식을 이용한 ISP(In-system Programming) 기능이 있어 사용자가 작성한 프로그램을 쓰거나, JTAG 에뮬레이터를 사용하거나 병렬 프로그래밍 모드를 이용하여 프로그램을 쓸 수 있다.

데이터 메모리

데이터 메모리는 읽기/쓰기가 가능한 메모리이며, 여기에는 프로그램이 수행되면서 변경되는 변수 등이 저장된다. 데이터 메모리는 내부 SRAM, 외부 데이터 메모리, 내부 EEPROM으로 구별되며 바이트 단위로 주소가 지정된다. EEPROM은 별도의 레지스터를 통하여 엑세스하며 나머지는 모두 64KB의 데이터 메모리 영역에 맵핑 되어 있다. 그림 8에서 보면 ATmega128과 ATmega103 호환 모드에서의 메모리 용량이 다른 것을 확인할 수 있다. 0x0000 ~ 0x001F 까지는 범용 레지스터 영역으로 동일하지만, ATmega103모드에서는 0x0020 ~ 0x005F의 64개의 번지만을 I/O레지스터로 사용하는데 비하여 ATmega128에서는 여기에 0x0060 ~ 0x00FF의 160개 번지가 확장 I/O레지스터로 추가 사용되고 있다. 그래서 ATmega103 호환모드에는 0x0060 ~ 0x0FFF의 4000개의 번지가 내부 SRAM으로 사용되지만 ATmega128에서는 0x0100 ~ 0x10FF의 4096개 번지를 내부 SRAM으로 사용한다.

-. 레지스터 파일

주소 0x0000 ~ 0x001F는 32바이트 레지스터 파일이 사용하고 있다. 실제 SRAM이 아니지만 메모리의 주소영역을 사용하고 있다.

-. I/O 레지스터

I/O 레지스터는 SRAM과 달리 ATmega128에서 사용되는 각종 I/O 디바이스들을 제어하기 위한 레지스터 이다. 이는 64개의 I/O 레지스터와 160개의 확장 I/O 레지스터로 구성되어 있다. I/O 레지스터는 IN/OUT명령을 사용하여 엑세스 하지만 확장 I/O 레지스터는 외부 데이터 메모리처럼 LD/LDS/LDD 및 ST/STS/STD

명령만 사용한다.

-. SRAM

내부 데이터 메모리인 SRAM은 0x0100 ~ 0x10FF번지의 4KB를 가지고 있다. 내부 데이터 메모리는 16비트 직접 데이터에 의한 번지값을 지정하여 접근하거나 X, Y, Z 레지스터를 사용하여 간접 지정으로 접근한다. 이는 프로그램에서 사용되는 사용자 변서의 저장이나 스택영역으로 사용된다.

-. 외부 데이터 메모리

ATmega128에서 0x1100 ~ 0xFFFF 번지의 약 60KB는 외부 데이터 메모리 영역이다. 여기는 사용자가 필요에 의하여 외부 데이터 메모리로서 SRAM을 접속하여 사용하거나 또는 I/O 확장 영역으로 상용할 수 있다.

-. EEPROM

ATmega128의 EEPROM은 약 10만번 쓰기가 가능한 4KB가 내장 되어 있는데 내부 램, I/O, 확장 I/O 레지스터와는 별개의 주소가 할당되어있다. 이는 I/O레지스터를 사용하여 주소를 지정하는 방법으로 접근이 가능하다. 제공되는 EEPROM은 비휘발성 메모리지만 프로그램이 수행되는 동안 데이터를 읽고/쓰기를 할 수 있다. 단 EEPROM에 데이터를 기록하기 위해서는 SRAM보다는 더 많은 시간이 요구된다.

2 로봇의 구조 및 소개

2.1 로봇의 구조

2.1.1 로봇의 주요 구성품

사 진	명 칭	규 격	수 량
	CORE-MMR	-. Size : 200 X 200 X 110mm -. MCU : ATmega128 -. PSD Sensor : 6개 -. IR Sensor : 5조 -. 유도형 금속감지 센서 : 1개 -. DC Motor : 3개 -. OmniWheel : 3개 -. Text LCD Display -. LED(고휘도, Blue) : 2개 -. Tact Switch : 2개 -. 부져 -. 블루투스 -. 배터리 : 11.1V, 5400mA	1개
	충전용 아답터	-. Input : AC 100 ~ 240V -. Output : DC 12.6V, 1.5A	1개
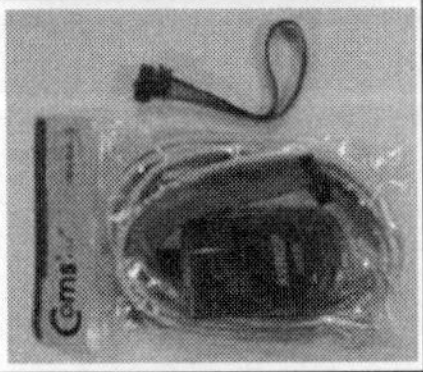	다운로드용 ISP-MKII	-. 프로그램 다운로드용 -. 지원환경: AVR Studio 4.18~ -. ISP 10핀 및 6핀 커넥터 지원	1개

2.1.2 베이스 보드의 구성

[그림 7] 베이스 보드 구성

① MCU Module(MCU : ATmega128)

② Text LCD(16 x 2)

③ BlueTooth Module

④ DC Motor Driver

⑤ ISP Port

⑥ JTAG Port

⑦ Power(DC +12V, +5V, +3.3V)

⑧ Buzzer

⑨ Tact Switch(User Interface)

⑩ LED(5PI, 고휘도, Blue)

⑪ Power On Switch

⑫ 배터리 충전 Jack

⑬ IR Sensor 감지 확인용 LED 및 감도 조절용 Trimmer

2.1.3 플랫폼

Top	Bottom

① Base Board ② PSD 센서 ③ Battery ④ IR 센서 ⑤ DC 모터 및 Omni Wheel	① IR 센서 ② 유도형 금속감지 센서 ③ Omin Wheel ④ DC Motor

주 의

◈ 배터리가 방전되거나 Robot를 충전하고자 할 경우 반드시 포함되어 있는 전용 충전기를 사용하여야 한다.

◈ 만일 배터리 분리시 배터리의 +, − 단자가 short 되지 않도록 주의하여 작업하여야 한다.

3 실습 환경 구축

- 마이크로 프로세서를 사용하여 프로그램을 작성하기 위해서는 개발환경 구축이 필요하다. 개발 환경으로는 프로그램 소스를 작성할 수 있는 에디터, 컴파일러, 링커, 다운로더등의 툴이 필요하지만, Atmel 사에서 개발한 통합개발환경(IDE)인 AVR Studio는 모든 툴이 통합되어 있으며, 여러 소스 관리를 위한 프로젝트 파일을 지원하며, 컴파일/링커 옵션 등을 관리한다.

  설치를 진행할 AVR Studio 는 2011년 9월에 Release한 AVR Studio 4 V4.19 이다. 이는 Assembly 프로그램 작성과 컴파일 그리고 C언어 프로그램 작성을 기본적으로 할 수 있으며, 컴파일된 파일의 Write/Read 그리고 퓨즈 비트 셋팅을 할 수 있다. 이전 버전까지는 컴파일을 위하여 WINAVR을 따로 다운로드하여 설치를 하였으나 4.19버젼 부터는 AVR ToolChain 3.3.0을 사용한다. 이는 ATmel 홈페이지에서 다운로드하여 설치가 가능하다.

3.1 AVR Studio 설치

3.1.1 필요 소프트웨어

제공된 CD 및 아래 사이트에서 다운로드가 가능하다.

-. AVR-Toolchain 3.3.0

http://www.atmel.com/Images/avr-toolchaininstaller-3.3.0.710-win32.win32.x86.exe

-. AVR Studio 4.19

http://www.atmel.com/Images/AvrStudio4Setup.exe

3.1.2 설치 방법

1) AVR-Toolchain-3.3.0 설치하기

① AVR-Toolchain-3.3.0.710-win32.win32.x86.exe 파일을 실행한다.

[그림 8] 툴체인 설치

② Next를 클릭하여 다음으로 진행한다.

[그림 9] 툴체인 설치 진행

③ 사용자 이용 약관에 동의

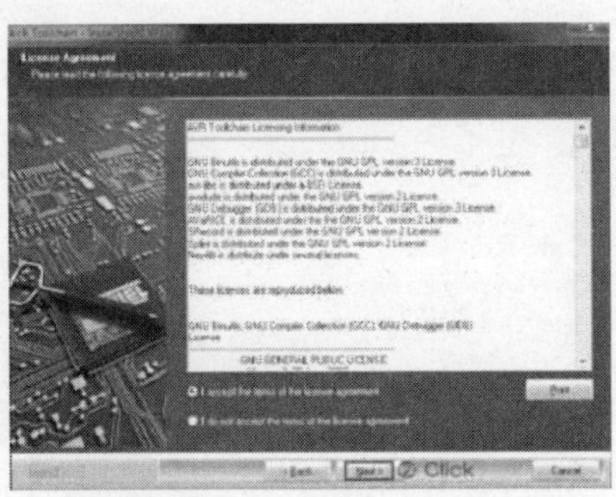

[그림 10] 툴체인 설치 진행

④ 설치 경로를 지정한다. 변경하지 않고 Next 클릭한다.

-. 이때 설치 경로를 변경하지 않도록 한다.

[그림 11] 툴체인 설치 진행

⑤ 설치할 기능들을 설정한다. 체크 후 Next 클릭한다.

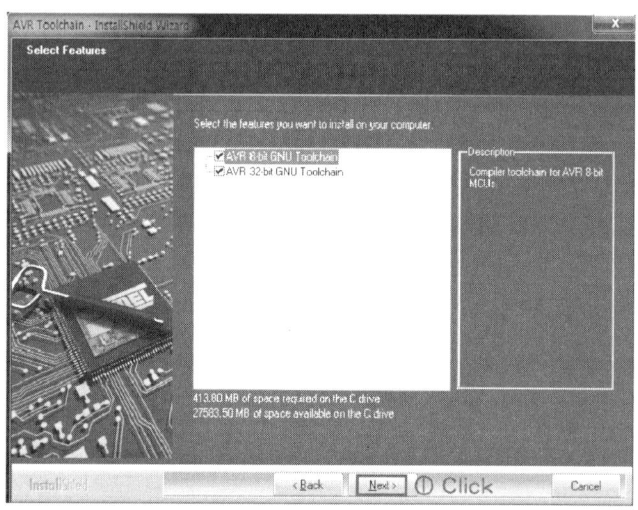

[그림 12] 툴체인 설치 진행

⑥ Install 버튼을 클릭하여 설치를 진행한다.

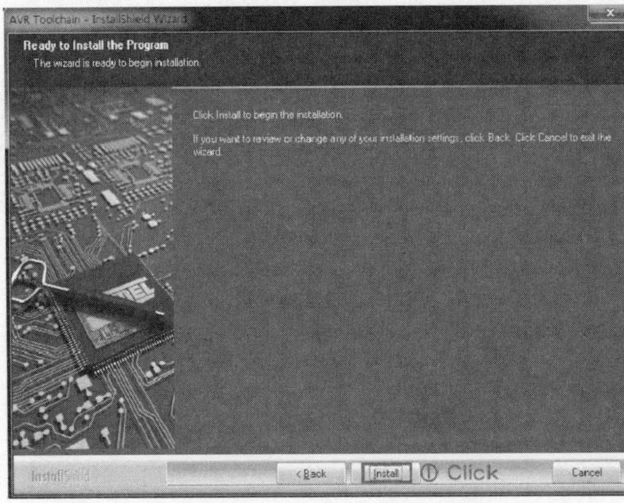

[그림 13] 툴체인 설치 진행

⑦ 설치가 완료 되면 Finish 버튼을 클릭하여 설치를 마무리 한다.

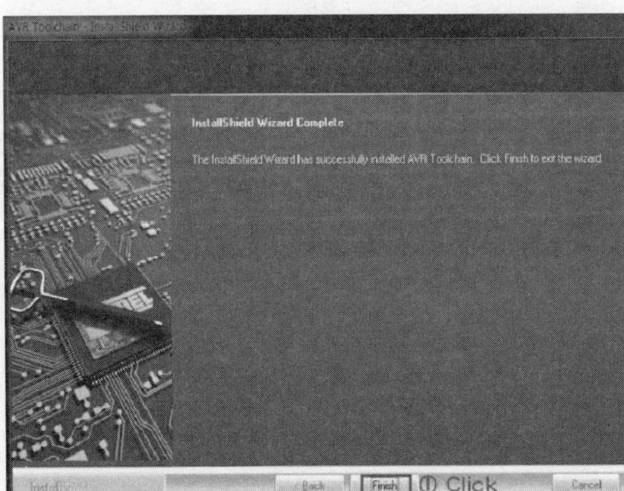

[그림 14] 툴체인 설치 진행

2) AVR Studio 4.19 설치하기

① AVR Studio4 setup.exe 파일을 실행한다.

[그림 15] AVRStudio 설치

② Next를 클릭하여 다음으로 진행한다.

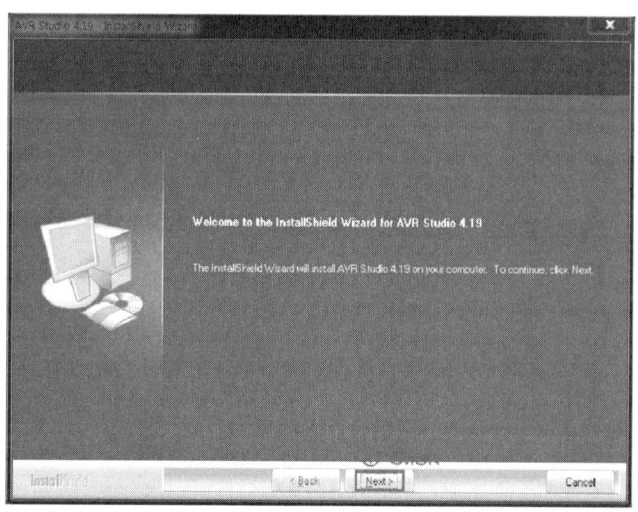

[그림 16] AVRStudio 설치

③ 사용자 약관에 동의 후 Next 버튼을 클릭하여 다음으로 진행한다.

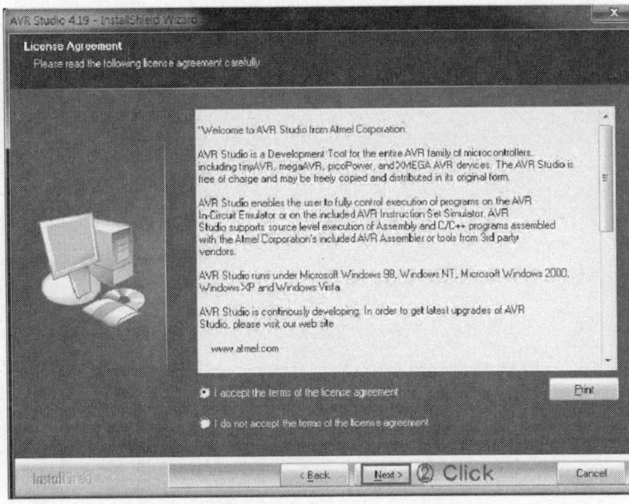

[그림 17] AVRStudio 설치

④ 설치 경로를 지정한다. 이때 설치 경로는 변경하지 않고 Next를 눌러 다음으로 진행한다.

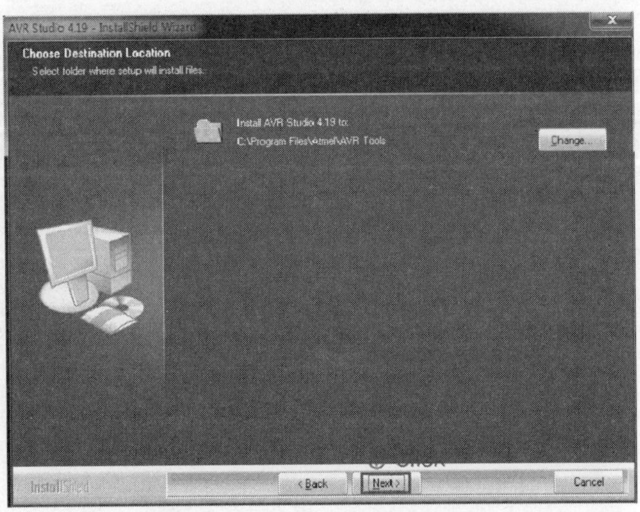

[그림 18] AVRStudio 설치

⑤ Install 버튼을 클릭하여 설치를 진행한다. 설치 중간에 Jungo-USB 설치하는 것이 나오면 Next를 눌러 설치를 한다.

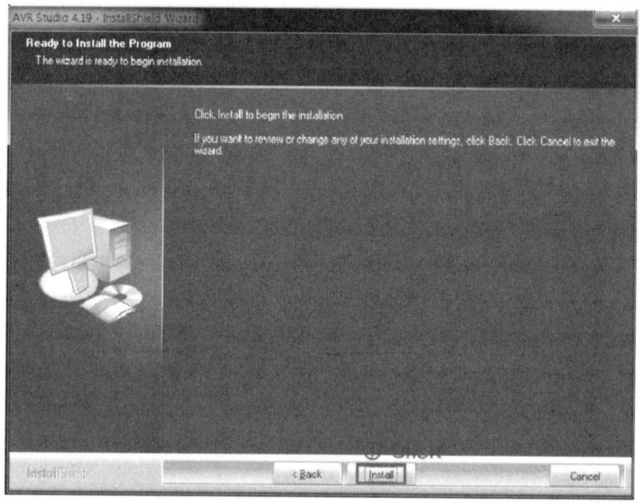

[그림 19] AVRStudio 설치

⑥ Finish 버튼을 눌러 Jungo-USB 설치를 완료한다.

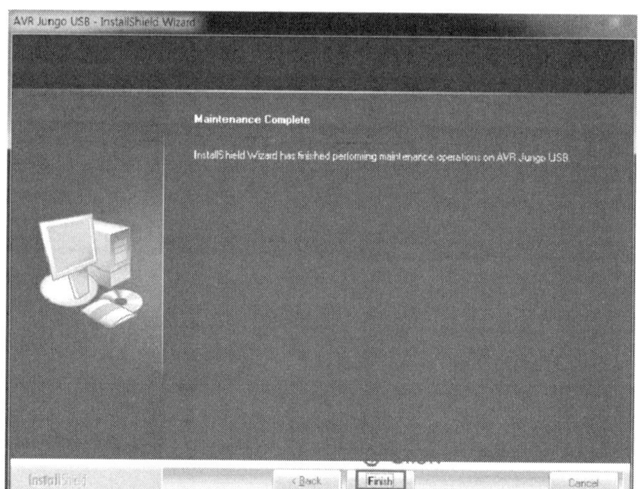

[그림 20] AVRStudio 설치

⑦ Finish 버튼을 눌러 AVR Studio 4 설치를 완료한다.

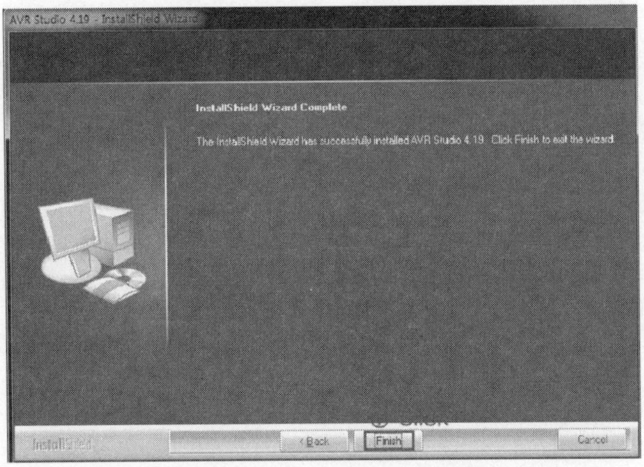

[그림 21] AVRStudio 설치

⑧ 프로그램 실행

-. 시작 > 프로그램 > Atmel AVR Tools > AVR Studio 4

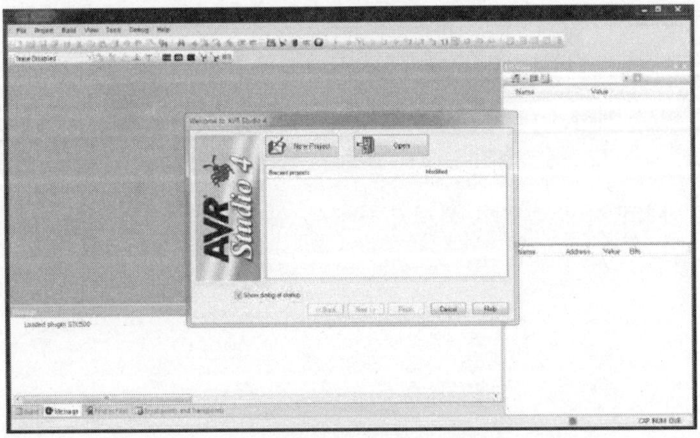

[그림 22] 프로그램 실행

위 그림과 같이 프로그램이 실행된다면 실습을 위한 통합개발 환경이 모두 구축되었다.

3.2 AVR Studio4 사용법

● 프로그램 창

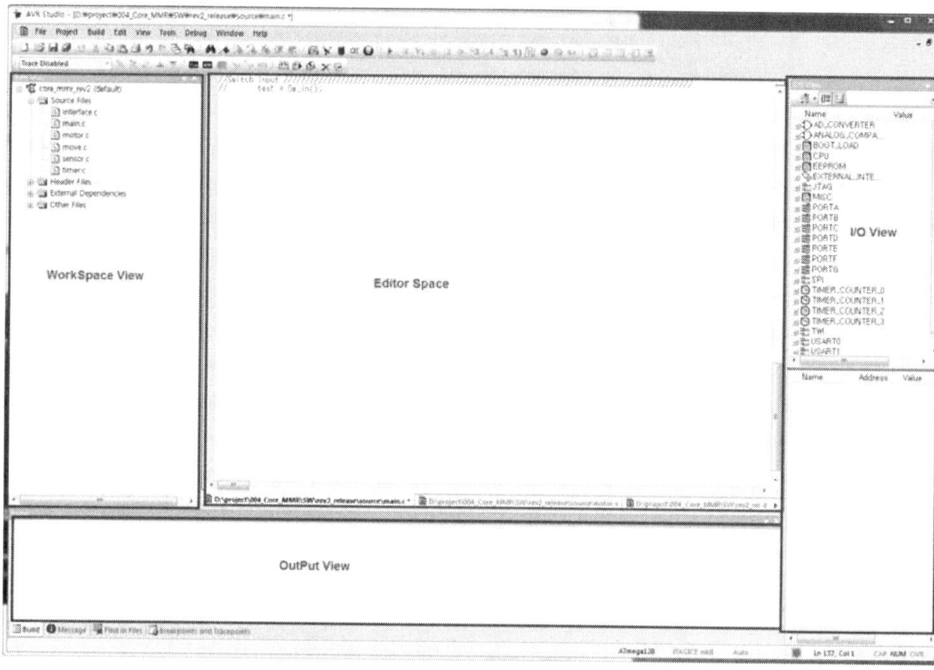

[그림 23] AVR Studio 프로그램 화면

AVR Studio 4는 [그림 23]과 같이 프로젝트 관리에 필요한 project View 및 디버깅 모드에서 I/O 레지스터 내용을 확인할 수 있는 I/O View등으로 구성된 Workspace View와 소스 작성 및 편집에 사용되는 Editor 그리고 Compile 및 Build 과정에서 출력되는 메시지 내용을 확인할 수 있는 Output View으로 구성되어 있다.

3.2.1 프로젝트 생성

① Windows → 모든 프로그램 → Atmel AVR Tools-AVR Studio 4를 실행시키면 다음과 같이 Project Wizard 창이 나타난다.

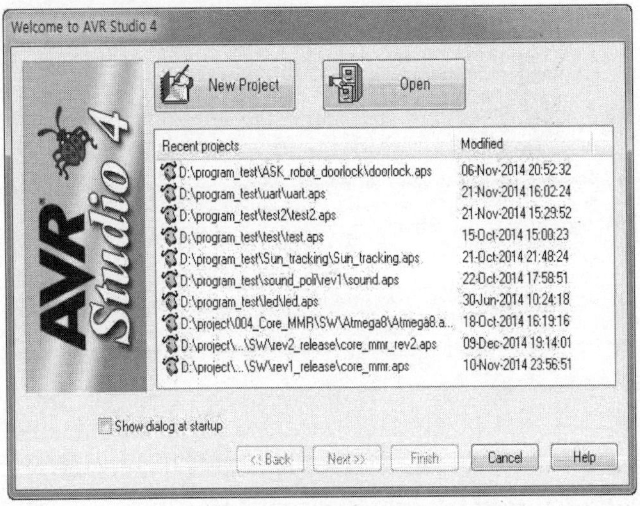

[그림 24] project Wizard

② 새로운 프로젝트를 생성하기 위해서는  버튼을 클릭한다. (기존에 작업한 프로젝트를 열기위하여 최근 프로젝트 리스트에서 선택하거나  버튼을 클릭하여 프로젝트를 직접 찾아 선택한다.)

③ 다음 [그림 25]와 같이 먼저 Project type에서 AVR GCC를 선택한다. 그리고 Location에 프로젝트를 생성하고자 하는 폴더를 선택하고 Project name에 프로젝트의 이름을 입력한다. 여기서 Create initial file이 체크되어 있으면 프로젝트 이름과 동일한 이름의 소스 파일이 자동으로 생성되며, Create folder가 체크되어 있으면 프로젝트 이름과 동일한 이름의 프로젝트 폴더가 자동 생성된다. 새로 생성하기 위한 프로젝트 이름을 입력하였다면 Next버튼을 클릭한다.

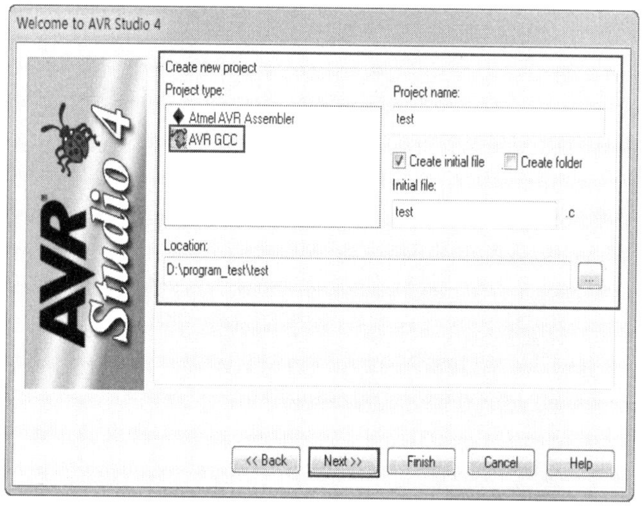

[그림 25] Create new project

④ Debug platform에서는 사용하고자 하는 에뮬레이터나 시뮬레이터, 즉 가지고 있는 디버깅 장비를 선택한다. (디버깅 장비가 없다면 임의로 선택한다.) 그리고 오른쪽 Device에서 ATmega128을 선택하고 Finish 버튼을 클릭하여 프로젝트 위저드를 종료한다.

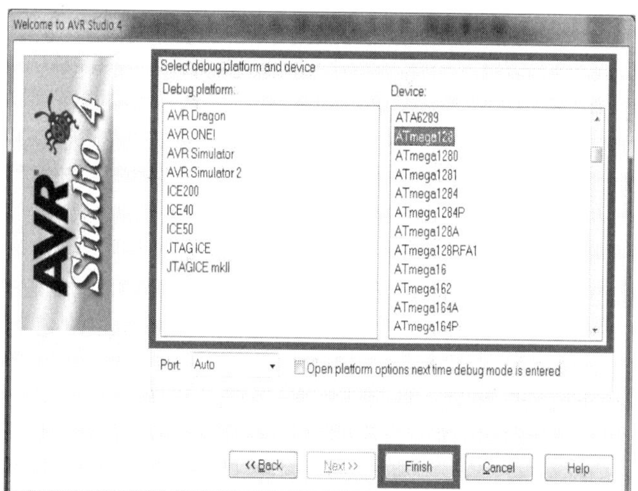

[그림 26] 플랫폼 선택

3.2.2 프로젝트 옵션 설정

① 새로운 프로젝트를 생성했다면 다음 [그림 27]과 같이 Project View의 프로젝트 이름에 마우스 커서를 위치시키고 오른쪽 마우스 버튼을 클릭하여 팝업메뉴가 나타나면 Edit Configuration Options를 선택하거나, Edit 상단의 버튼을 클릭한다.

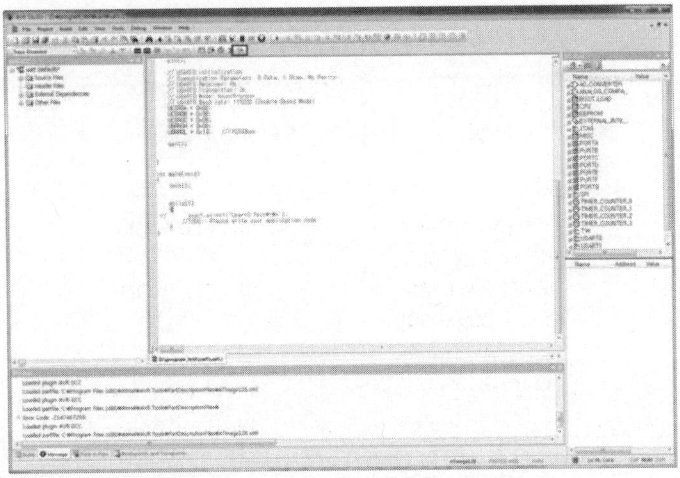

[그림 27] Edit Configuration Options

② 프로젝트 옵션 창이 나타나면 General 옵션에서 Frequency에 ATmega128의 시스템 클럭 16000000(16MHz)를 입력하고 컴파일 최적화 옵션을 -O0 ~ -Os 중 하나를 선택한다.

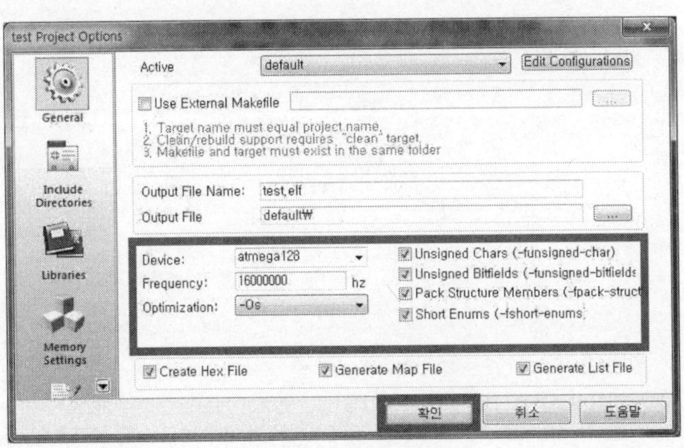

[그림 28] 환경 설정

3.2.3 소스 코드 작성 및 빌드

① 프로젝트 환경 설정이 완료되면 이제 필요한 소스를 작성한다. ATmega128의 GPIO 포트 A에 0x00과 0xFF를 1000[ms]마다 출력하는 간단한 테스트용 프로그램을 Editor 창에서 작성한다.

```
#include <avr/io.h>
#include <util/delay.h>

int main()
{
   DDRA  = 0x03;                    // PORTA Input
   while(1)
   {
         PORTA = 0x40;                   // LED 1 ON
         _delay_ms(1000);
         PORTA = 0x80;                   // LED 2 ON
         _delay_ms(1000);
   }
         return 0;
}
```

② 만약 프로젝트에서 기존에 사용자가 작성한 소스 및 헤더 파일을 추가하려 한다면 [그림 29]와 같이 Project View에서 마우스 오른쪽 버튼을 클릭하여 팝업 메뉴를 띄우고 Add Existing Files을 선택하여 추가하려는 파일을 찾아 선택한다.

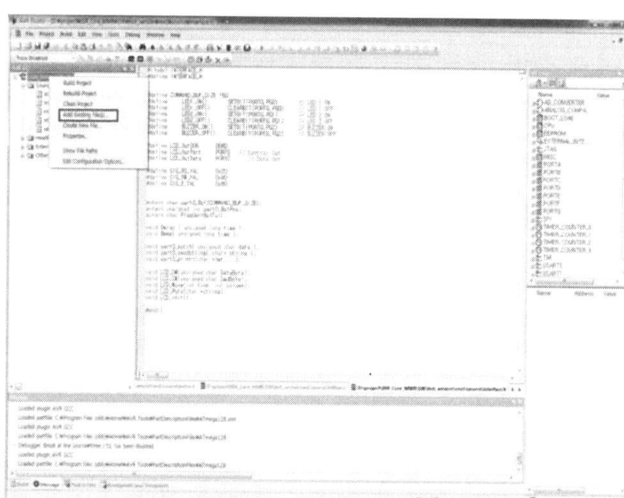

[그림 29] Add Existing Files

③ 소스 코드 작성이 완료되었다면 [그림 30]과 같이 Toolbar에서 빌드 버튼을 클릭하거나 키보드의 단축키 F7를 눌러 빌드를 시작한다.

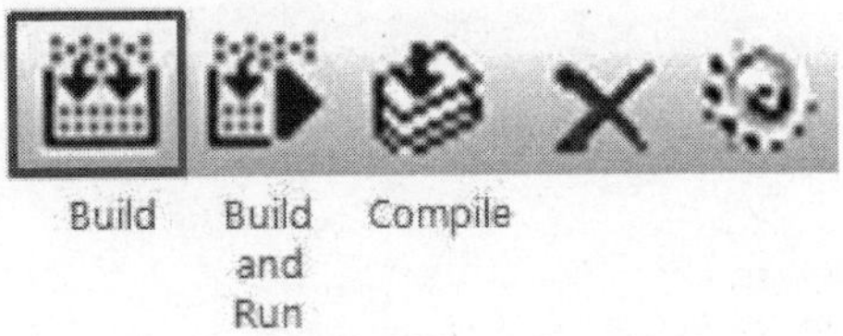

[그림 30] Build (툴바)

④ 빌드가 완료되면 Output View의 빌드 탭에서 빌드 과정에서 에러나 경고 메시지가 발생했는지를 확인한다.

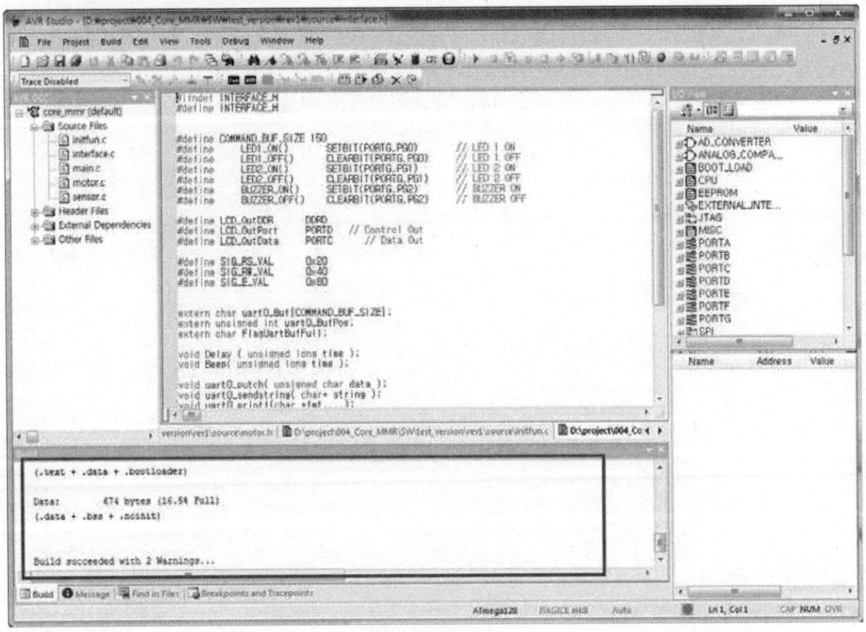

[그림 31] Build

⑤ 처음에 프로젝트 생성 시 지정한 location 폴더로 이동하면 "test.hex" 파일이 생성된 것을 확인할 수 있다.

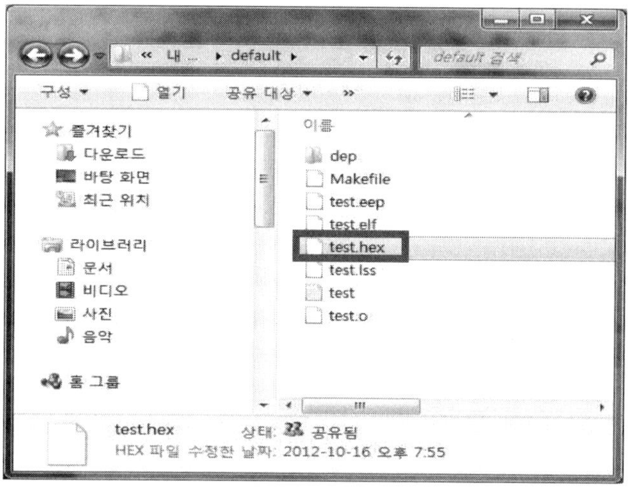

[그림 32] 생성된 Hex 파일 확인

3.2.4. 프로그램 다운로드 및 실행

① AVR-ISP를 사용하기 위해서 먼저 PC와 AVR-ISP간의 통신포트를 맞추어 주어야 한다. PC에 AVR-ISP를 USB 포트에 삽입하고, 내컴퓨터 제어판에서 장치관리자에 들어가 AVR-ISP USB 드라이버가 몇 번 COM 포트에 연결이 되었는지 확인한다. 현재 작업자의 PC는 COM3로 설정 된 것을 볼 수 있다.
(만일 장치관리자에서 USB Serial Port(COM?)의 COM 번호가 다르다면 PC에 나타나는 COM Port를 지정하여 진행하기 바란다.)

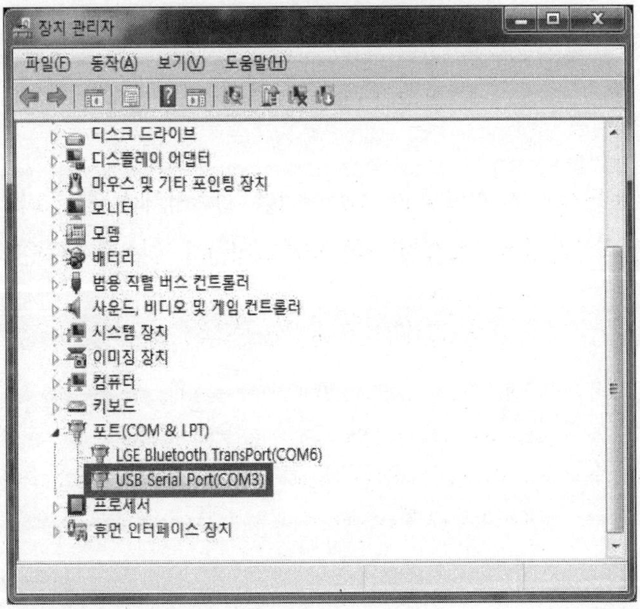

[그림 33] ISP 포트

② 장비와 같이 제공되는 AVR-ISP를 이용하여 ATmega128 CPU에 다운로드 한다. [그림 33]과 같이 장비의 ISP포트와 AVR-ISP를 연결한다.

③ Tools-Program AVR-Connect를 클릭하거나 메뉴 바의 Con을 클릭하면 AVR Programmer와 Programmer가 사용하는 포트를 설정할 수 있는 창이 [그림 34]와 같이 나타난다. 여기서 사용되는 프로그래머는 AVR-ISP이다. 따라서 팝업 창에서 AVR-ISP을 선택하고 Port 설정은 Auto로 설정한 후 Connect를 클릭한다. 이때 serial port는 COM1 ~ COM4 사이에 있어야 하며, 만일 다른 포트로 접속이 된다면 강제로 포트를 변경하여 주어야 한다.

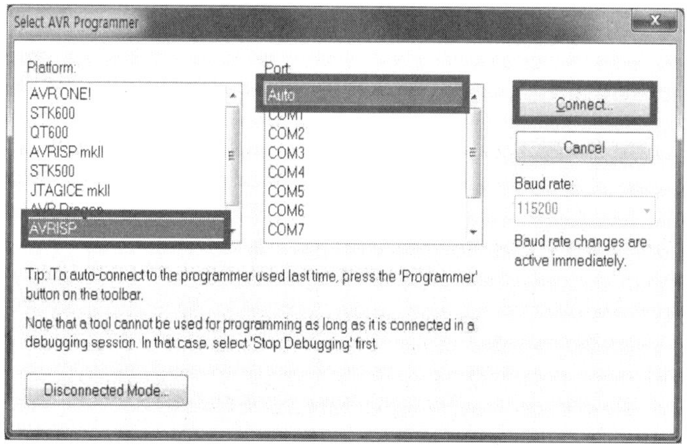

[그림 34] Platform and port select

④ Tools-Program AVR-Auto Connect를 클릭하거나 메뉴 바의 을 클릭하면 [그림 35]와 같은 업데이트 알림창이 나타난다. 취소를 클릭한다.

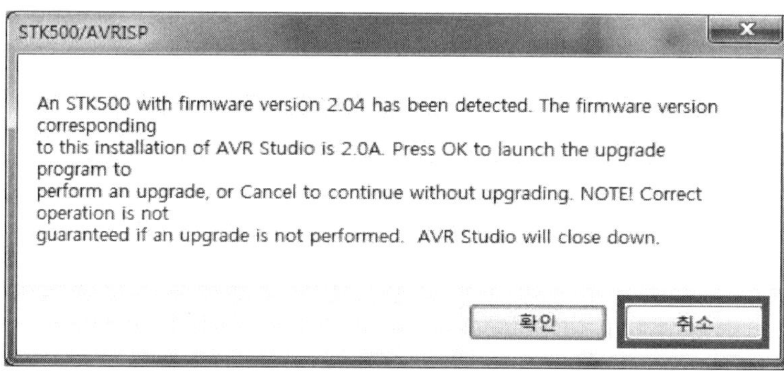

[그림 35] Update

⑤ 디바이스에 다운로드할 헥사 파일을 불러오기 위해서 AVR-ISP에서 파일열기를 클릭하면 [그림 36]과 같은 창이 나타난다. 여기에서 다운로드하려는 파일을 찾아서 '열기'를 누르면 해당경로의 파일이 AVR-ISP에 자동으로 설정된다.

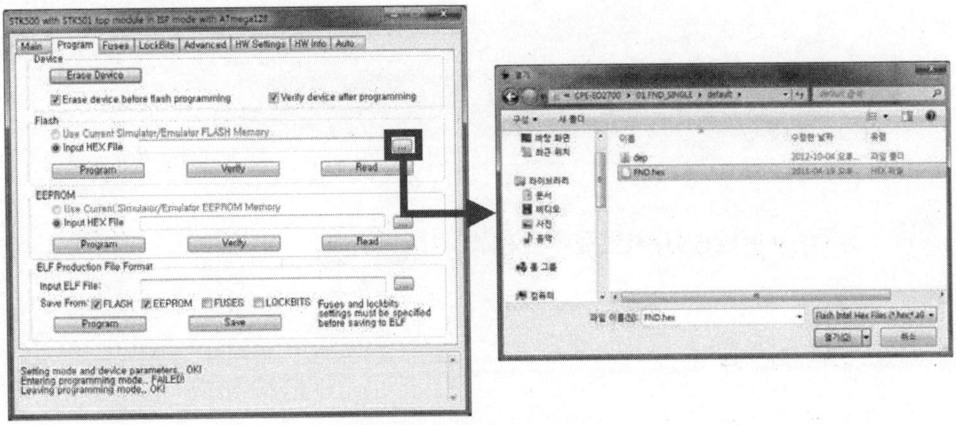

[그림 36] hex 파일 선택

⑥ 다운로드할 이미지를 선택하였으면 Program 버튼을 눌러서 ATmega128에 다운로드 한다.

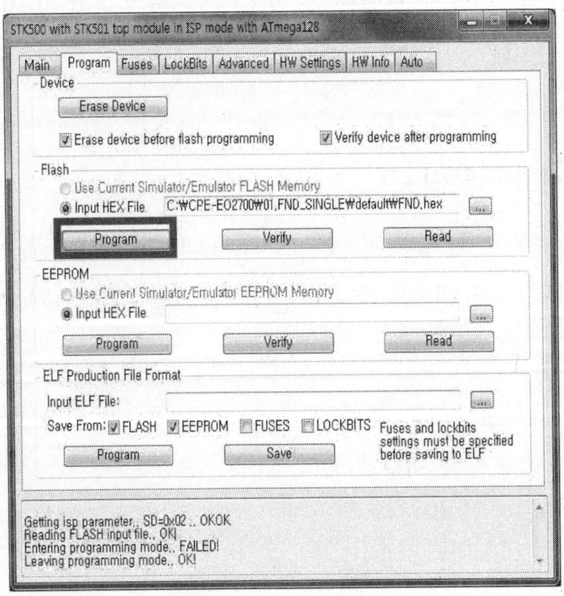

[그림 37] 다운로드

Ⅱ. 제 2 장 기초 이론 및 실습

1 ATmega128 마이크로컨트롤러 기초 이론

1.1 포트 입 · 출력

1.1.1 포트 기본 구조

ATmega128은 모두 6개의 8비트 양방향 병렬 I/O 포트(PORTA ~ PORTF)와 1개의 5비트 양방향 I/O 포트(PORTG)를 가지고 있다. 또한 각 I/O 핀에는 풀업 저항(Pull-up resistor)의 사용 여부를 선택적으로 설정할 수 있으며, 이는 특수 기능 I/O 레지스터에서 셋팅할 수 있다. 이 풀업 저항의 값은 20kΩ ~ 50kΩ 정도의 값을 가진다.

1.1.2 포트 관련 레지스터

ATmega128에서 입 출력기능은 I/O레지스터를 통하여 제어 한다. 각 포트에는 3개의 I/O 레지스터 DDRx, PORTx, PINx가 있다. DDRx와 PORTx는 읽고 쓰기가 가능하나 PINx는 읽는 것만 가능하다.

레지스터 표기에서 x는 포트 A, B, C, D, E, F, G를 나타내며 n은 비트 0, 1, 2, 3, 4, 5, 6, 7을 나타낸다.

① DDRx 레지스터 : Data Direction Register

DDRx는 데이터 방향 레지스터로 포트에 포함되어 있는 핀의 입출력 방향을 결정할 때 사용되는 레지스터이다. 해당 비트에 1을 쓰면 출력으로 0을 쓰면 입력으로 설정된다. 초기값은 0으로 설정되어 있다. 예를 들어 PORT A 의 최하위 비트를 출력으로 설정하려면 DDRA = 0x01 로 하면된다.

Bit	7	6	5	4	3	2	1	0	
	DDA7	DDA6	DDA5	DDA4	DDA3	DDA2	DDA1	DDA0	DDRA
Read/Write	R/W	R/W	R/W	R/W	R/W	R/W	R/W	R/W	
Initial Value	0	0	0	0	0	0	0	0	

② PORTx 레지스터 : Data Register

PORTx는 데이터 레지스터로 포트에 포함되어 있는 핀이 출력방향일 때 논리값을 디지털 전압레벨로 출력할 때 사용하는 레지스터이다. DDRx의 값이 출력으로 설정된 경우 PORTx 레지스터에 해당하는 값을 쓰면 된다. 단 DDRx 레지스터의 DDxn = 0 으로 설정하면 해당 핀이 입력방향일 때 PORTxn 값이 1로 설정되면 내부에서 Pxn 핀에 풀업 저항이 연결된다.

Bit	7	6	5	4	3	2	1	0	
	PORTA7	PORTA6	PORTA5	PORTA4	PORTA3	PORTA2	PORTA1	PORTA0	PORTA
Read/Write	R/W	R/W	R/W	R/W	R/W	R/W	R/W	R/W	
Initial Value	0	0	0	0	0	0	0	0	

③ PINx 레지스터

DDRx 레지스터의 해당 핀이 입력으로 설정된 경우 핀의 디지털 전압레벨을 논리값으로 읽을 때 사용하는 레지스터이다.

Bit	7	6	5	4	3	2	1	0	
	PINA7	PINA6	PINA5	PINA4	PINA3	PINA2	PINA1	PINA0	PINA
Read/Write	R	R	R	R	R	R	R	R	
Initial Value	N/A	N/A	N/A	N/A	N/A	N/A	N/A	N/A	

④ 특수기능 I/O 레지스터 : Special Function IO Register

SFIOR의 비트2(PUD : Pull-Up Disable)를 1로 셋팅하면 풀업 저항을 비활성화 시킨다.

Bit	7	6	5	4	3	2	1	0	
	TSM	–	–	–	ACME	PUD	PSR0	PSR321	SFIOR
Read/Write	R/W	R	R	R	R/W	R/W	R/W	R/W	
Initial Value	0	0	0	0	0	0	0	0	

1.2 인터럽트

1.2.1 폴링방식과 인터럽트방식

마이크로 컨트롤러에서 내부 또는 외부 장치에서 상태를 입력 받는 방법은 폴링 방식과 인터럽트 방식 두가지가 있다. 둘다 어떤 작업을 수행시 내부 또는 외부에서 들어오는 이벤트에 의해 어떤 작업을 수행 한다는 것은 똑같다.

1) 폴링 방식

폴링 방식은 메인 프로그램 안에서 정해진 시간 또는 순번에 따라 알고리즘에서 반복적으로 장치의 상태 변화가 있는지 없는지 체크 하는 방식이다. 이는 장치에 연결된 포트에서 논리값을 반복적으로 읽고 원하는 상태에서 값이 감지되면 알고리즘의 수행을 변경하는 방식이다.

원하는 상태의 값을 감지 하기위한 방법으로는 레벨트리거와 엣지 트리거가 있다. 레벨 트리거는 값을 읽을 때 마다 레벨이 High인지 low인지를 감지한다. 이는 이벤트가 일어나는 시점이 아니라 주로 이벤트가 발생되어 있는 상태를 감지한다. 엣지 트리거는 반복하여 값을 읽을 때 레벨이 High에서 low로 바뀌거나, low에서 High로 바뀌는 그 시점(찰나)을 감지한다. 즉 이벤트가 처음 들어왔을 때만 확인이 가능하다. 레벨이 바뀌지 않는다면 이벤트가 발생하는지 하지 않는지 확인이 불가능 하다.

2) 인터럽트 방식

인터럽트는 CPU가 하드웨어적으로 그 변화를 체크하여 변화시에 인터럽트 서비스 루틴을 자동으로 수행 하는 것을 말한다. 폴링과는 달리 반복적으로 메인 프로그램에서 원하는 값이 들어왔는지 아닌지 계속 검사할 필요가 없다. 즉 이벤트가 발생할 때만 CPU가 대응하므로 효과적인 방법이다.

인터럽트는 어떤 조건이나 이벤트의 발생으로 정상적인 프로그램을 일시적으로 중단시키고 보다 급한 작업을 먼저 수행하고 다시 원래로 복귀하여 프로그램을 진행 하는 것을 말한다. 인터럽트가 발생하였을 때 인터럽트 요청에 따라 수행하는 프로그램을 인터럽트 서비스루틴 또는 인터럽트 핸들러라고 한다.

① 주 프로그램실행
② 인터럽트 발생
③ 복귀주소 저장
④ 인터럽트 벡터로 점프
⑤ 인터럽트 처리
⑥ 인터럽트 처리완료
⑦ 복귀주소 로드
⑧ 마지막에 실행되던 주소로 점프
⑨ 주 프로그램실행

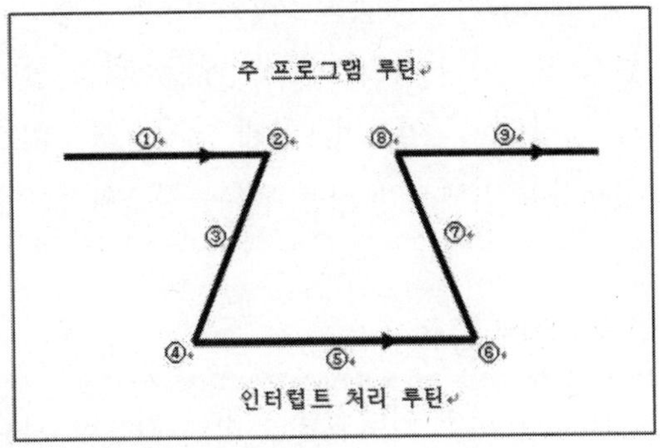

[그림 38] 인터럽트 처리 과정

프로세서는 여러 종류의 인터럽트를 처리할 수 있는데 각 인터럽트에 고유하나 번호를 인터럽트 벡터(Vector)라 하며, 인터럽트가 발생하였을 때 메모리의 지정된 한 부분으로 점프를 하는데 이것을 인터럽트 벡터 테이블이라고 한다.

인터럽트는 발생 원인이 있는 곳에 따라 내부와 외부로 나누어져 있고, 차단 가능성에 따라 차단가능 인터럽트와 차단 불가능 인터럽트로 나누어지며, 인터럽트 발생 원인을 확인 하는 방법에 따라 조사형과 벡터형으로 나누어진다. 내부 인터럽트는 금지된 연산이나 금지된 메모리로의 접근 시도 등에 따라 내부에서 발생하는 것이며, 외부 인터럽트는 입출력 장치, 타이머, 통신등 외부 장치에 의해 발생 되는 인터럽트이다. ATmega128은 내부 인터럽트에 해당하는 것이 없다. 프로그램에 의해 인터럽트 서비스 요청을 차단하지 못하는 것을 차단 불가능 인터럽트(non-Maskable)라 하며 전원 이상등 긴급을 요하는 경우 상용되지만 ATmega128에는 없다. 인터럽트를 요청한 장치가 특정한 상태 비트를 세트해 놓으면 이를 소프트웨어적으로 조사하고 찾는 순서에 따라 우선순위가 정해지는 방식을 조사형 인터럽트라 하고 인터럽트 발생원인에 따라 미리 지정된 서비스 루틴의 시작번지(인터럽트 벡터)에서 처리하는 방식을 벡터형이라 한다. 이러한 벡터형 인터럽트가 인터럽트 발생 원인을 찾고 서비스 루틴을 처리하는 시간이 빠른 장점이 있다. ATmega128은 벡터형을 사용한다.

인터럽트도 원하는 값을 감지하기 위한 방법으로 레벨트리거와 엣지 트리거가 있다.

1.2.2 ATmega128의 인터럽트

ATmega128은 리셋을 포함하여 총 35종의 인터럽트 벡터를 가지고 있다. 인터럽트에는 여러 가지 마스크 레지스터를 통하여 각각 개별적으로 허용 가능 여부를 결정할 수 있으며, 상태 레지스터 SREG의 글로벌 인터럽트 허용 비트 I를 이용하여 전체적인 허용여부를 설정할 수 있다.

1) 인터럽트 종류

ATmega128의 인터럽트는 차단 가능한 외부 인터럽트에 해당하며, 리셋을 제외한 34개의 인터럽트는 외부핀을 통하여 요청되는 외부 인터럽트 8개, 타이머 0 관련 2개, 타이머1 관련 5개, 타이머2관련 2개, 타이머 3관련 5개 USART0 관련 3개, USART1 관련 3개, 기타 6개로 분류될 수 있다.

2) 인터럽트 제어

- Fuse High Byte의 BOOTRST 비트값과 MCUCR 레지스터의 IVSEL 비트값으로 벡터의 배치를 [표 1]처럼 바꿀 수 있다. Boot Reset Address는 [표 1]처럼 주어져 있다. Fuse High Byte의 BOOTRST 비트값이 1로 MCURC 레지스터의 IVSEL은 0으로, 즉 디폴트로 설정된 경우의 인터럽트 벡터를 아래 [표 2] 인터럽트 벡터에서 보여준다.

BOOTRST	IVSEL	리셋 어드레스	인터럽트 벡터의 시작 어드레스
1	0	0x0000	0x0002
1	1	0x0000	Boot Reset Address + 0x0002
0	0	Boot Reset Address	0x0002
0	1	Boot Reset Address	Boot Reset Address + 0x0002

[표 1] 인터럽트 벡터의 배치

벡터 번호 (우선순위)	벡터 번지	인터럽트 소스	인터럽트발생조건
0	0x0000	Reset	외부 핀, 전원공급 시작, 전압 미달, 와치독, JTAG 리셋
1	0x0002	INT0	외부 인터럽트 요구 0
2	0x0004	INT1	외부 인터럽트 요구 1
3	0x0006	INT2	외부 인터럽트 요구 2
4	0x0008	INT3	외부 인터럽트 요구 3
5	0x000A	INT4	외부 인터럽트 요구 4
6	0x000C	INT5	외부 인터럽트 요구 5
7	0x000E	INT6	외부 인터럽트 요구 6
8	0x0010	INT7	외부 인터럽트 요구 7
9	0x0012	TIMER2 COMP	타이머/카운터2 비교일치
10	0x0014	TIMER2 OVF	타이머/카운터2 오버플로
11	0x0016	TIMER1 CAPT	타이머/카운터1 캡쳐
12	0x0018	TIMER1 COMPA	타이머/카운터1 비교일치 A
13	0x001A	TIMER1 COMPB	타이머/카운터1 비교일치 B
14	0x001C	TIMER1 OVF	타이머/카운터1 오버플로
15	0x001E	TIMER0 COMP	타이머/카운터0 비교일치
16	0x0020	TIMER0 OVF	타이머/카운터0 오버플로
17	0x0022	SPI, STC	SPI 전송 완료
18	0x0024	USART0, RX	USART0 수신 완료
19	0x0026	USART0, UDRE	USART0 데이터 레지스터 비었음
20	0x0028	USART0, TX	USART0 송신 완료
21	0x002A	ADC	ADC 변환 완료
22	0x002C	EE READY	EEPROM 준비
23	0x002E	ANALOG COMP	아날로그 비교기
24	0x0030	TIMER1 COMPC	타이머/카운터1 비교일치
25	0x0032	TIMER3 CAPT	타이머/카운터3 캡쳐
26	0x0034	TIMER3 COMPA	타이머/카운터3 비교일치 A
27	0x0036	TIMER3 COMPB	타이머/카운터3 비교일치 B
28	0x0038	TIMER3 COMPC	타이머/카운터3 비교일치 C
29	0x003A	TIMER3 OVF	타이머/카운터3 오버플로
30	0x003C	USART1, RX	USART1 수신 완료
31	0x003E	USART1, UDRE	USART1 데이터 레지스터 비었음
32	0x0040	TIMER1, TX	USART1 송신 완료
33	0x0042	TWI	2선 직렬 장치 인터페이스
34	0x0044	SPM READY	SPM 완료

[표 2] 인터럽트 벡터

- MCUCR : MCU Control Register

MCUCR 레지스터의 비트1 (IVSEL : Interrupt Vector SELect)이 변경되어 인터럽트 벡터의 예기치 않게 이동되는 것을 방지하기 위해 IVSEL의 변경은 . IVCE비트에 1을 쓰고 난 후 사이클 이내에 IVCE = 0으로 설정하고 IVSEL에 원하는 비트값으로 설정한다.

Bit	7	6	5	4	3	2	1	0	
	SRE	SRW10	SE	SM1	SM0	SM2	IVSEL	IVCE	MCUCR
Read/Write	R/W	R/W	R/W	R/W	R/W	R/W	R/W	R/W	
Initial Value	0	0	0	0	0	0	0	0	

- 전체적인 인터럽트 허용은 상태레지스터(SREG)의 비트7(I)를 1로 하여 설정한다. 개별적인 허용은 여러 가지 인터럽트 마스크 레지스터를 통하여 개별적으로 허용여부를 제어한다. ATmega128은 인터럽트의 우선순위를 줄 수 없고 먼저 들어온 것을 먼저 처리한다. 만일 동시에 들어오는 경우에는 하드웨어에 의해 순위가 정해져 있으며, 벡터표 순서대로 순위가 고정되어 있다.

Bit	7	6	5	4	3	2	1	0	
	I	T	H	S	V	N	Z	C	SREG
Read/Write	R/W	R/W	R/W	R/W	R/W	R/W	R/W	R/W	
Initial Value	0	0	0	0	0	0	0	0	

3) 외부 인터럽트 관련 레지스터

외부 인터럽트 핀 INT0 ~ 3, INT4 ~ 7을 통해 입력되는 신호로 발생하며, 입출력 포트 핀이 출력으로 설정 되더라도 발생시킬 수 있다. 소프트웨어 적으로 해당 핀에 값을 출력 시켜 인터럽트를 발생시킬 수 있다.

외부 인터럽트 설정과 활성화에 관련된 레지스터는 EIMSK 레지스터, EICRA 레지스터, EICRB 레지스터가 있다.

● EICRA : External Interrupt Control Register A

Bit	7	6	5	4	3	2	1	0	
	ISC31	ISC30	ISC21	ISC20	ISC11	ISC10	ISC01	ISC00	EICRA
Read/Write	R/W	R/W	R/W	R/W	R/W	R/W	R/W	R/W	
Initial Value	0	0	0	0	0	0	0	0	

-. 비트 7 ~ 0 : ISCn1, ISCn0 (External Interrupt 3-0 Sense Control Bits)

n은 3 ~ 0의 값을 갖는다. 외부 인터럽트 0 ~ 3까지의 인터럽트 트리거 방식을 선택한다.

ISCn1	ISCn0	인터럽트 요청 신호 형태
0	0	INTn 핀의 Low 레벨에서 인터럽트 요청
0	1	-
1	0	INTn의 하강 모서리에서 비동기적으로 인터럽트 요청
1	1	INTn의 상승 모서리에서 비동기적으로 인터럽트 요청

[표 3] 외부 인터럽트 INT0 ~ INT3 트리거 방식 설정

● EICRB : External Interrupt Control Register B

Bit	7	6	5	4	3	2	1	0	
	ISC71	ISC70	ISC61	ISC60	ISC51	ISC50	ISC41	ISC40	EICRB
Read/Write	R/W	R/W	R/W	R/W	R/W	R/W	R/W	R/W	
Initial Value	0	0	0	0	0	0	0	0	

-. 비트 7 ~ 0 : ISCn1, ISCn0 (External Interrupt 3-0 Sense Control Bits) n은 7 ~ 4의 값을 갖는다. 외부 인터럽트 4 ~ 7까지의 인터럽트 트리거 방식을 선택한다.

ISCn1	ISCn0	인터럽트 요청 신호 형태
0	0	INTn 핀의 Low 레벨에서 인터럽트 요청
0	1	INTn의 상승 또는 하강 모서리에서 인터럽트 요청
1	0	INTn의 하강 모서리에서 비동기적으로 인터럽트 요청
1	1	INTn의 상승 모서리에서 비동기적으로 인터럽트 요청

[표 4] 외부 인터럽트 INT4 ~ INT7 트리거 방식 설정

- EIMSK : External Interrupt MaSK register

Bit	7	6	5	4	3	2	1	0	
	INT7	INT6	INT5	INT4	INT3	INT2	INT1	IINT0	EIMSK
Read/Write	R/W	R/W	R/W	R/W	R/W	R/W	R/W	R/W	
Initial Value	0	0	0	0	0	0	0	0	

-. 비트 7 ~ 0 : INT7 ~ INT0

레지스터 비트 INT7 ~ INT0을 개별적으로 허용하는데 사용된다. 전역으로 인터럽트가 허용(SREG 레지스터 I비트가 세트)되었을 때 외부 인터럽트 INTn이 허용된다. 1로 설정하면 인터럽트 허용, 0으로 설정하면 인터럽트 금지가 된다.

- EIFR : External Interrupt Flag register

Bit	7	6	5	4	3	2	1	0	
	INTF7	INTF6	INTF5	INTF4	INTF3	INTF2	INTF1	IINTF0	EIFR
Read/Write	R/W	R/W	R/W	R/W	R/W	R/W	R/W	R/W	
Initial Value	0	0	0	0	0	0	0	0	

-. 비트 7 ~ 0 : INTF7 ~ INTF0

외부 인터럽트가 인터럽트를 요구하면 허용여부에 상관없이 1로 세트 된다. 만약 인터럽트가 허용된 경우 인터럽트 서비스와 함께 자동적으로 0으로 클리어 되며, 플래그에 1을 써 넣음으로 클리어 시킬 수 있다. 레벨 트리거로 설정한 경우에는 항상 0으로 클리어된다.

4) 외부 인터럽트 사용 순서

- 해당 인터럽트 핀에 대한 인터럽트 개별적으로 허용(EIMSK)
- 해당 핀의 트리거 방식을 설정 (EICRA, EICRB)
- 글로벌 인터럽트를 활성화 (SREG레지스터 I 비트)

1.3 타이머/카운터

1.3.1 타이머와 카운터

마이크로 컨트롤러에서 타이머/카운터는 입력되는 펄스를 세는 장치를 말한다. 보통 타이머/카운터를 같은 의미로 부르며 같은 기능이라고 생각 하지만 타이머와 카운터는 다른 기능을 말하는 것을 알아야 한다. 타이머는 MCU 내부 클럭을 이용하여 일정 시간 간격의 펄스를 만들어 내거나 일정 시간 경과 후에 인터럽트를 발생 시키는 기능을 말한다. 카운터는 외부핀을 통해서 들어오는 펄스의 계수(Edge Detector)하여 이벤트 카운터로 동작하는 것을 말한다. 즉 입력으로 들어오는 펄스가 어디에 존재 하는가에 따라 타이머와 카운터로 나누어진다.

1.3.2 ATmega128의 타이머와 카운터

ATmega128에는 타이머 0 ~ 3 까지 모두 4개의 타이머/카운터가 존재한다. 이들은 인터럽트와 PWM 출력을 갖고 있다. 그중 타이머 0,2는 8비트로 서로 기능이 유사하고, 타이머 1,3은 16비트로 서로 기능이 유사한다. 단지 타이머 0은 다른 타이머와는 달리 32.768KHz 의 수정 발진자에 접속하는 TOSC1, TOSC2 핀을 가지고 있어서 리얼타임클럭(Real Time Clock)의 기능을 가지고 있다. 타이머/카운터 1, 3은 Tn 핀에 외부 클럭을 연결하여 사용할 수 있다.

타이머 카운터의 기능과 특징을 살펴 보면 아래 표와 같다.

	타이머/카운터0	타이머/카운터1	타이머/카운터2	타이머/카운터3
기본구조	8bit	16bit	8bit	16bit
타이머입력	$clk_{I/O}$	$clk_{I/O}$	$clk_{I/O}$	$clk_{I/O}$
카운터입력	Timer/Counter Oscillator 또는 TOSC1	T1	T2	T3
타이머 프리스케일러	1, 8, 32, 64, 128, 256, 1024	1, 8, 64, 256, 1024	1, 8, 64, 256, 1024	1, 8, 64, 256, 1024
레지스터	TCCR0, TCNT0, OCR0, ASSR, SFIOR, TIMSK, TIFR	TCCR1A, TCCR1B, TCCR1C, TCNT1H, TCNT1L, OCR1AH, OCR1AL, OCR1BH, OCR1BL, OCR1CH, OCR1CL, ICR1H, RCR1L, SFIOR, TIMSK, ETIMSK, TIFR, ETIFR	TCCR2, TCNT2, OCR2, TIMSK, TIFR	TCCR3A, TCCR3B, TCCR3C, TCNT3H, TCNT3L, OCR3AH, OCR3AL, OCR3BH, OCR3BL, OCR3CH, OCR3CL, ICR3H, RCR3L, SFIOR, TIMSK, ETIMSK, TIFR, ETIFR
동작모드	Normal, CTC, Fast PWM, Phase Correct PWM	Normal, CTC, Fast PWM, Phase Corrent PWM, Phase and Frequency Correct PWM	Normal, CTC, Fast PWM, Phase Corrent PWM	Normal, CTC, Fast PWM, Phase Corrent PWM, Phase and Frequency Correct PWM
입력신호	TOSC1, TOSC2	T1, ICP1	T2	T3, ICP3
출력신호	OC0	OC1A, OC1B, OC1C	OC2	OC3A, OC3B, OC3C
인터럽트	Overflow, Output Compare Match	Overflow, Output Compare Match A/B/C, Input Capture	Overflow, Output Compare Match	Overflow, Output Compare Match A/B/C, Input Capture
기타	RTC기능, 타이머/카운터 모두 프리스케일러를 사용	캡쳐기능		캡쳐기능

1) 8비트 타이머/카운터

8비트 타이머/카운터는 4가지 파형 발생모드가 있다. 계수 동작은 TCCRn레지스터의 파형 발생모드비트(WGMn1 ~ WGMn0)설정에 의해 모드를 설정한다. 아래 그림은 8비트 타이머/카운터의 블록도이다.

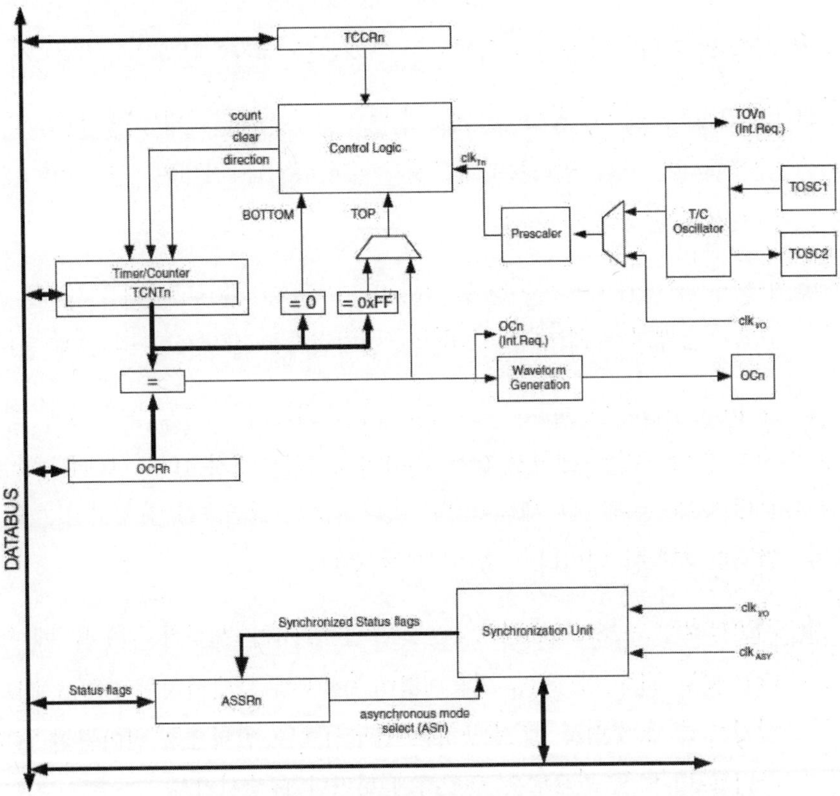

[그림 39] 8비트 타이머/카운터 블록 다이어그램

① 구성

- 프리스케일러(Prescaler)

타이머 0의 경우 TOSC1에 입력된 시스템 클럭 주파수의 1/4미만의 외부클럭, TOSC1과 TOSC2핀에 연결된 수정 발진자에 의해 발생되는 클럭이나 내부클럭 $clk_{I/O}$을 클럭 소스로 사용하여 1, 8, 32, 64, 128, 256, 1024의 분주비로 프리스케일러에서 나누어 clk_{TO}(타이머/카운터 클럭)을 생성한다. 타이머 0

의 클럭 소스는 ASSR레지스터로 선택한다. 타이머 2의 경우에는 TOSC 1, 2 핀에 해당하는 것이 없고 대신 T2핀으로 입력되는 외부 클럭을 프리스케일러를 거치지 않고 clk_{T2}클럭을 생성하거나 내부클럭 $clk_{I/O}$을 클럭 소스로 사용하여 1, 8, 64, 256, 1024의 분주비로 프리스케일러에서 나누어 clk_{T2}클럭을 생성한다. 분주비의 선택은 TCCRn 레지스터로 설정한다.

- TCCRn : 타이머 n의 동작모드를 설정하는 레지스터(n은 0 또는 2)
- TCNTn(Timer/CouNTer n) 레지스터 : 프리스케일러에서 생성된 clk_{Tn}클럭을 제어로직에 따라 업/다운 카운팅을 수행하거나 리셋되는 타이머 n의 8비트 카운터 값을 저장하는 레지스터.
- TOVn : TCNTn가 카운팅에 의해 0xFF에서 0x00로 오버플로우가 일어나면 TOVn 플래그가 세트되고 오버플로인터럽트를 발생시킬 수 있게 된다.
- OCRn(Output Compare Resister n) 레지스터 : TCNTn의 값과 출력 비교되기 위한 8비트 데이터 값을 저장하고 있는 레지스터로 TCNTn의 값과 같으면 OCFn플래그를 세트시키고 출력비교 인터럽트를 요청하고 출력핀 OCn 단자로 적절한 데이터가 출력되도록 한다.
- 제어로직(Control Logic) : clk_{Tn}와 TCNTn가 제로가 되었을 때 발생하는 BOTTOM 신호, TCNTn 카운터값이 0xFF에 도달하거나 OCRn 레지스터에 설정된 값에 도달할 때 발생하는 TOP신호를 입력으로 받아들여 TCNTn 카운터를 업/다운 카운팅을 수행하게 하거나 리셋시킨다.

② 동작 모드

8비트 타이머/카운터의 동작 모드는 TCCRn 레지스터의 WGMn1:WGMn0 (Waveform Generation Mode) 비트와 COMn1: COMn0 (Compare Match Output Mode) 비트로 설정한다. 동작 모드를 간단히 살펴보면 아래 표와 같다.

파형 발생모드	TCCRn 레지스터		최댓값 (TOP)	TCNTn 카운터의 16진 계수 순서
	WGMn1	WGMn0		
일반 모드	0	0	FF	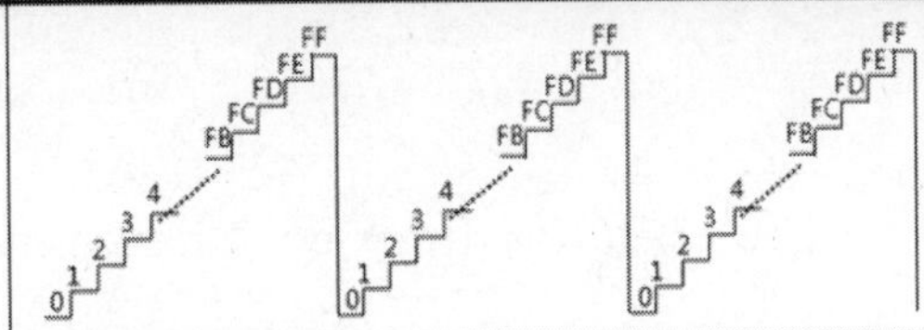
위상정정 PWM 모드	0	1	FF	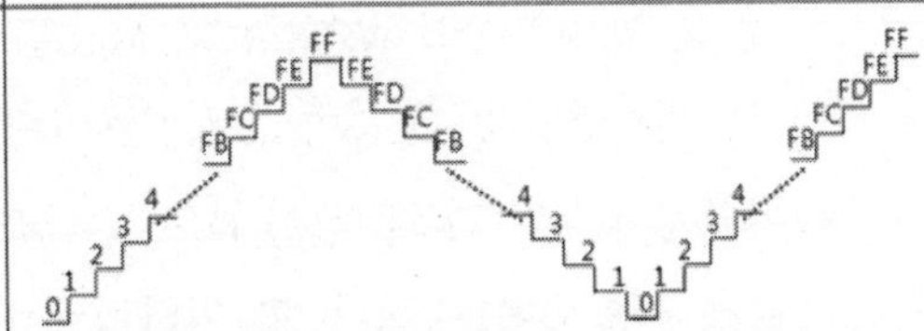
CTC 모드	1	0	OCRn	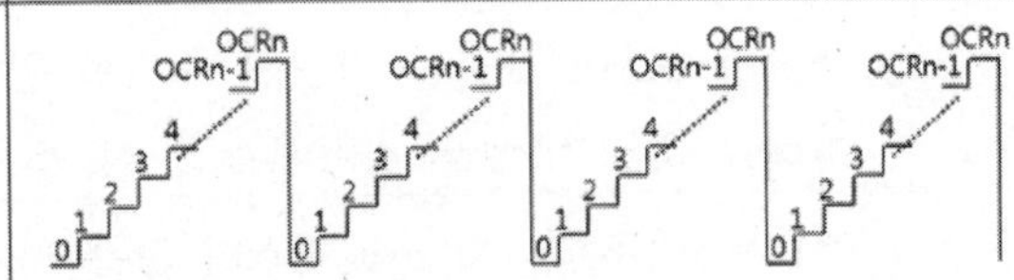
고속 PWM 모드	1	1	FF	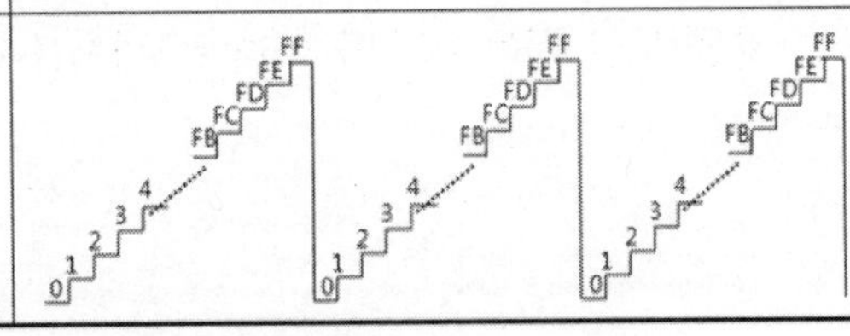

[그림 40] 8비트 타이머/카운터 동작 모드

㉠ 일반 모드

TCCRn 레지스터의 WGMn1:WGMn0를 0:0으로 설정하는 모드이다. 이때 타이머 n(n = 0,2)은 항상 상향 카운터로만 동작한다. TCNTn의 값이 255에서 0으로 바뀌는 순간 TIFR 레지스터의 TOVn 비트가 세트되며, 오버플로 인터럽트 발생이 요청된다. 출력비교 인터럽트를 일반 모드에서 사용할 수도 있으나 고속 PWM모드를 사용하는 것이 좋다.

타이머/카운터의 시간 간격 설정은 오버플로 인터럽트가 요청될 때마다 인터럽트를 발생시켜 TCNTn의 초기값 T_0를 적당하게 설정하면 원하는 시간 간격을 얻을 수 있다. TCCRn 비트 2 ~ 0 (CSn2 ~ 0)의 값에 따라 1, 8, 32, 64, 128, 256, 1024 분주가 되므로(타이머 2의 경우 1, 8, 64, 256, 1024) 클럭을 $f\,MHz$로 사용하는 경우 분주비를 N이라 하면 다음에 의해 시간 간격 T

가 결정된다. 즉 오버플로 인터럽트가 요청되는 시간 간격은 T이다.

$$T[usec] = N \times (256 - T_0)/f$$

ⓛ CTC 모드(Clear Timer on Compare match)

TCCRn 레지스터의 WGMn1:WGMn0를 1:0으로 설정하는 모드이다. CTC모드에서는 TCNTn 값이 OCRn 레지스터에 설정한 값과 일치되면 그 다음 클럭 사이클에서 TCNTn의 값이 0으로 클리어된다. 이때 TIFR레지스터의 OCFn 비트가 세트되며 출력 비교 인터럽트 발생이 요청된다. 이때 인터럽트를 발생시켜 OCRn의 값을 바꾸면 주기를 원하는대로 변경할 수 있다. OCn단자로 하여금 출력 파형을 발생하도록 할 수 있는데 TCCRn의 COMn1: COMn0을 0:1로 설정하고 OCRn레지스터 값을 바꿔가면서 출력 비교에 의해 OCn의 신호를 토글 하는 경우를 아래 [그림 41]에서 확인할 수 있다.

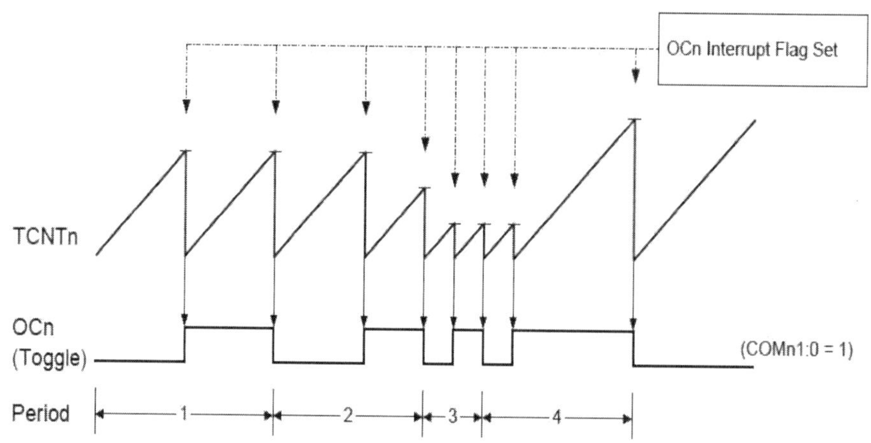

[그림 41] 타이머 0, 2의 CTC 동작 모드

이때 주기는 TCCRn의 비트 2~1(CSn2:CSn1)의 값에 따라 1, 8, 32, 64, 128, 256, 1024 분주가 되므로 (타이머 2의 경우 1, 8, 64, 256, 1024)클럭을 $f\,MHz$로 사용하는 경우 분주비를 N이라 하면 다음에 의해 시간 간격 T가 결정된다. 출력 비교 인터럽트가 요청되는 시간 간격은 T/2이다.

$$T[usec] = 2N \times (1 + OCR0)/f$$

ⓒ 고속 PWM 모드

TCCRn 레지스터의 WGMn1:WGMn0를 1:1으로 설정하는 모드이다. TCNTn는 반복적으로 업카운팅하며 항상 0x00~0xFF의 값을 갖는다. TCNTn의 값이 OCRn레지스터에 설정한 값과 일치되면 TIFR레지스터의 OCFn비트가 세트되며 출력비교 인터럽트가 요청되며 OCn의 값은 0으로 클리어된다. 그리고 TCNTn는 업카운팅을 계속하여 TCNTn는 255까지 증가했다가 0으로 바뀌는 순간 TIFR레지스터의 TOVn비트가 세트되어 오버플로 인터럽트가 요청되며 OCn는 1로 세트된다. TOVn비트가 세트되어 오버플로 인터럽트가 요청될 때 인터럽트를 발생시켜 OCRn의 값을 바꾸어 듀티비를 제어할 수 있다. OCRn레지스터 값과 듀티비가 비례함을 아래 그림에서 알 수 있다. OCRn = 0x00일 때 듀티비는 1/256이며 OCRn = 0xFF일 때 100%가 됨을 알 수 있다. 레귤레이터, 정류 및 DA 변환에 적합하다. 특히 고주파를 사용하기 때문에 코일, 콘덴서 등 외부소자가 필요 없어 비용을 절감시킬 수 있다.

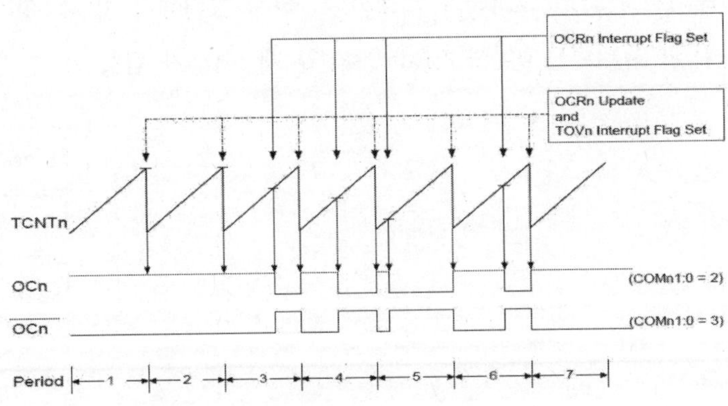

[그림 42] 타이머 0, 2의 고속 PWM 모드

이때 주기는 TCCRn의 COMn1:COMn0을 1:0 혹은 1:1로 설정하고 OCRn레지스터 값을 변화시켜가며, 출력 비교에 의해 OCn의 신호를 PWM하는 경우 TCCRn의 비트 2~1(CSn2:CSn1)값에 따라 1, 8, 32, 64, 128, 256, 1024 분주가 되므로(타이머2의 경우 1,8, 64, 256, 1024) 클럭을 $f\,MHz$로 사용하고 분주비를 N이라 하면 다음에 의해주기 T가 결정된다. 즉 오버플로 인터럽트가 요청되는 시간간격은 T이다.

$$T[usec] = N \times 256/f$$

㉣ 위상 정정 PWM 모드

TCCRn 레지스터의 WGMn1:WGMn0를 0:1으로 설정하는 모드이다. TCNTn는 업카운팅하여 0xFF으로 증가하다가 다운카운팅으로 0x00으로 감소를 반복한다. TCCRn의 COMn1:COMn0을 1:0 혹은 1:1로 설정하고 OCRn레지스터 값을 변화시켜가며 출력비교에 의해 OCn의 신호를 PWM하는 경우TCNTn의 값이 OCRn레지스터에 설정한 값과 일치되면 TIFR레지스터의 OCFn비트가 세트되며 출력비교 인터럽트 발생이 요청되며 OCn의 값은 상향 카운팅의 경우에는 0으로 하향의 경우에는 1로 세트된다. 그리고 TCNTn는 업카운팅을 계속하여 TCNTn는 255에 도달하면 OCR2의 값이 경신되고 하향카운팅이 시작된다. 하향카운팅을 하다가 0에 도달하면 TIFR레지스터의 TOVn비트가 세트되며 오버플로 인터럽트가 요청된다. PC PWM모드에서는 OCRn 레지스터에 이중 버퍼링 기능이 있어 PWM 주기를 변경하기 위해 OCRn 레지스터에 새로운 값을 기록하더라도 즉시 변경되지 않고 TCNTn이 255에 도달하면 갱신된다. OCRn 레지스터 값과 듀티비가 비례함을 아래 그림에서 알 수 있다. OCRn = 0x00일 때 듀티비는 0이며OCRn=0xFF일 때 100%가 됨을 알 수 있다.

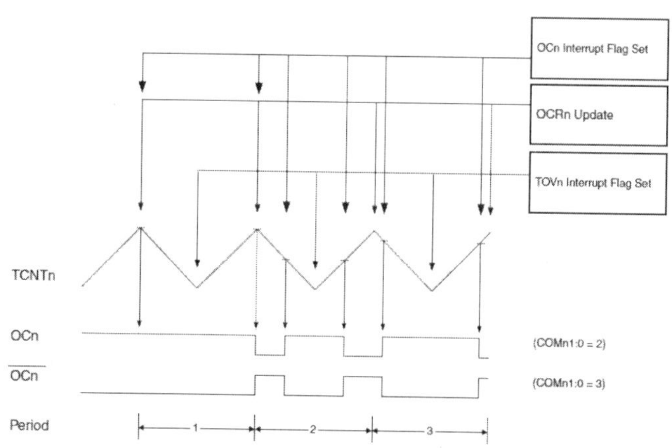

[그림 43] 타이머0, 2의 위상정정 PWM 모드

이때 주기는 TCCRn의 COMn1:COMn0을 1:0 혹은 1:1로 설정하고 OCRn레지스터 값을 변화시켜가며, 출력 비교에 의해 OCn의 신호를 PWM하는 경우 TCCRn의 비트 2~1(CSn2:CSn1)값에 따라 1, 8, 32, 64, 128, 256, 1024 분주가 되므로(타이머2의 경우 1,8, 64, 256, 1024) 클럭을 $f\,MHz$로 사용하고

분주비를 N이라 하면 다음에 의해주기 T가 결정된다. 즉 오버플로 인터럽트가 요청되는 시간간격은 T이다.

$$T[usec] = 2N \times 255/f$$

③ 관련 레지스터

● TCCRn : Timer/Counter Control Register (n = 0, 2)

Bit	7	6	5	4	3	2	1	0	
	FOC0	WGM00	COM01	COM00	WGM01	CS02	CS01	CS00	TCCR0
Read/Write	W	R/W	R/W	R/W	R/W	R/W	R/W	R/W	
Initial Value	0	0	0	0	0	0	0	0	

-. 비트 7 : FOCn (Force Output Compare n)

PWM 모드가 아닌 경우에만 유효하며, 1로 설정하면 강제로 OC0(PB.4)핀(타이머2의 경우 OC2(PB.7))에 출력비교가 일치 할 때 출력하게 되는 값과 동일한 출력을 내보낸다. 이 경우 인터럽트가 발생하지도 않고 CTC모드엣 TCNTn을 클리어 시키지도 않으므로 보통 0으로 설정한다.

-. 비트 6, 3 : WGMn0, WGMn1 (Waveform Generation Mode n0, n1)

타이머 n는 4가지의 동작 모드를 가지고 있다. 각각 Normal(일반), CTC, PC(Phase Correct) PWM, 고속 PWM이다. WGMn1:WGMn0을 0:0으로 하면 일반모드, 0:1로 하면 PC PWM, 1:0으로 하면 CTC, 1:1로 하면 고속 PWM모드로 설정한다.

모드	WGMn1	WGMn2	동작 모드	TOP	OCRn 갱신 시점	TOVn 플래그 세트시점
0	0	0	Normal	0xFF	즉시	MAX
1	0	1	Phase Correct PWM	0xFF	TOP	BOTTOM
2	1	0	CTC	OCR0	즉시	MAX
3	1	1	Fast PWM	0xFF	TOP	MAX

– 비트 5, 4 : COMn0, COMn1 (Compare Match output mode n0, n1)

비교일치 출력모드 설정을 위한 이 비트는 출력핀 OCn핀의 동작을 제어한다. 그러나 OC0핀은 PB.4, OC2 핀은 PB.7과 핀을 공유하고 있다. OCn 핀을 사용하기 위해서는 I/O핀의 방향을 출력으로 설정하여야 한다.

	COMn1	COMn0	OCn 핀의 기능
PWM모드가 아닌 경우	0	0	정상적인 범용 I/O 포트로 동작 (OCn 출력을 차단)
	0	1	비교일치에서 OCn 출력을 토클
	1	0	비교일치에서 OCn 출력을 0으로 클리어
	1	0	비교일치에서 OCn 출력을 1로 세트
Fast PWM 모드인 경우	0	0	정상적인 범용 I/O 포트로 동작 (OCn 출력을 차단)
	0	1	reserved
	1	0	비교일치에서 OCn 출력을 0으로 클리어 하고 TOP에서 OCn 출력을 1로 세트
	1	0	비교일치에서 OCn 출력을 1로 세트하고 TOP에서 OCn 출력을 0으로 클리어
Phase Correct PWM 모드인 경우	0	0	정상적인 범용 I/O 포트로 동작 (OCn 출력을 차단)
	0	1	reserved
	1	0	상향 카운터에서는 비교일치에서 OCn을 0으로 클리어 하향 카운터에서는 비교일치에서 OCn을 1로 세트
	1	0	상향 카운터에서는 비교일치에서 OCn을 1로 세트 하향 카운터에서는 비교일치에서 OCn을 0으로 클리어

– 비트 2 ~ 0 : CSn0, CSn1, CSn2 (Clock Select n2, n1, n0)

타이머/카운터 n의 프리스케일러를 사용한 클럭의 분주비를 선택한다. 이는 타이머/카운터 0과 타이머/카운터 2가 서로 다르다.

CS02	CS01	CS00	클럭 소스의 기능
0	0	0	클럭 입력을 차단(타이머/카운터0의 기능 사용안함)
0	0	1	clk_{TOS} / 1
0	1	0	clk_{TOS} / 8
0	1	1	clk_{TOS} / 32
1	0	0	clk_{TOS} / 64
1	0	1	clk_{TOS} / 128
1	1	0	clk_{TOS} / 256
1	1	1	clk_{TOS} / 1024

[표 5] 타이머/카운터 0의 클럭 설정

CS02	CS01	CS00	클럭 소스의 기능
0	0	0	클럭 입력을 차단(타이머/카운터0의 기능 사용안함)
0	0	1	$clk_{I/O}$ / 1
0	1	0	$clk_{I/O}$ / 8
0	1	1	$clk_{I/O}$ / 64
1	0	0	$clk_{I/O}$ / 256
1	0	1	$clk_{I/O}$ / 1024
1	1	0	T2핀의 외부 클럭 사용 (하강 에지에서 동작)
1	1	1	T2핀의 외부 클럭 사용 (상승 에지에서 동작)

[표 6] 타이머/카운터 2의 클럭 설정

- TCNTn : Timer Counter Register (n = 0, 2)

Bit	7	6	5	4	3	2	1	0	
	TCNT0[7:0]								TCNT0
Read/Write	R/W	R/W	R/W	R/W	R/W	R/W	R/W	R/W	
Initial Value	0	0	0	0	0	0	0	0	

프리스케일러에서 생성된 clk_{Tn} 클럭을 제어로직에 따라 업/다운 카운팅을 수행하거나 리셋되는 타이머 n의 8비트 카운터 값을 저장하는 레지스터이다.

- OCRn : Output Compare Register (n = 0, 2)

Bit	7	6	5	4	3	2	1	0	
	OCR0[7:0]								OCR0
Read/Write	R/W	R/W	R/W	R/W	R/W	R/W	R/W	R/W	
Initial Value	0	0	0	0	0	0	0	0	

TCNTn의 값과 출력 비교되기 위한 8비트 데이터값을 저장하고 있는 레지스터이다. 비교일치는 출력 비교일치 인터럽트나 OCn 핀에 파형을 출력할 때 사용된다.

- TIMSK : Timer/Counter Interrupt Mask Register

Bit	7	6	5	4	3	2	1	0	
	OCIE2	TOIE2	TICIE1	OCIE1A	OCIE1B	TOIE1	OCIE0	TOIE0	TIMSK
Read/Write	R/W	R/W	R/W	R/W	R/W	R/W	R/W	R/W	
Initial Value	0	0	0	0	0	0	0	0	

TIMSK 레지스터는 타이머 0,1,2가 발생하는 인터럽트를 개별적으로 허용하는 기능을 수행하는 레지스터이다.

– 비트 1, 7 : OCIEn (Output Compare match Interrupt Enable for timer n)

OCIEn 비트가 1이고 SREG레지스터의 I비트가 1이면 출력 비교일치 인터럽트를 허용한다. 출력 비교일치 인터럽트는 타이머 값 TCNTn 값과 비교레지스터 값 OCRn이 일치할 때 출력 빅 플래그 OCFn가 세트될 때 발생한다.

– 비트 0, 6 : TOIEn (Timer Overflow Interrupt Enable for timer n)

TOIEn비트가 1이고 SREG레지스터의 I비트가 1이면 타이머 오버플로 인터럽트를 허용한다. 타이머 오버플로 인터럽트는 타이머 값 TCNTn이 오버플로가 발생할 때 오버플로 플래그 TOVn이 세트될 때 발생한다.

● TIFR : Timer/Counter Interrupt Frag Register

Bit	7	6	5	4	3	2	1	0	
	OCF2	TOV2	ICF1	OCF1A	OCF1B	TOV1	OCF0	TOV0	TIFR
Read/Write	R/W	R/W	R/W	R/W	R/W	R/W	R/W	R/W	
Initial Value	0	0	0	0	0	0	0	0	

– 비트 1, 7 : OCFn (Output Compare match Flag n)

타이머n의 TCNTn레지스터와 출력 비교레지스터 OCRn의 값을 비교하여 같으면 OCFn은 1로 세트되고 출력 비교 인터럽트가 요청된다. 인터럽트가 서비스되기 시작하면 자동적으로 클리어된다.

– 비트 0, 6 : TOVn (Timer Overflow Flag n)

타이머 n에서 오버플로가 발생하면(OxFF 까지 세고 0x00으로 가게되면) TOVn은 1로 세트되면서 오버플로 인터럽트가 요청된다. 인터럽트가 서비스되기 시작하면 자동으로 클리어 된다. Phase correct PWM 모드에서는 타어머 n이 0x00에서 계수 방향을 바꿀 때 TOVn이 세트된다.

● ASSR : ASynchronous Status Register

Bit	7	6	5	4	3	2	1	0	
	–	–	–	–	AS0	TCN0UB	OCR0UB	TCR0UB	ASSR
Read/Write	R	R	R	R	R/W	R	R	R	
Initial Value	0	0	0	0	0	0	0	0	

– 비트 3 : AS0 (ASynchronous timer 0)

이 비트가 0이면 내부클럭 $clk_{I/O}$를 클럭 소스로 설정하여 동기모드로 타이머 0이 동작하게 하고, 1이면 TOSC1을 통해 들어오는 외부 클럭을 소스로 설정하여 비동기 모드로 동작하게 한다. AS0의 수정은 TCNT0, OCR0, TCCR0 내용의 변동을 초래하고 예상하지 못한 인터럽트가 발생할 수 있으므로 주의해야 한다.

– 비트 2 : TCN0UB (Timer/CouNter0 Update Busy)

타이머 0이 외부에서 TOSC1 단자로 입력되는 클럭을 소스로 하여 비동기 모드로 동작하고 있을 때 TCNT0 레지스터에 새로운 값을 기록하면 1로 세트된다. 기록이 완료되면 0으로 자동적으로 클리어되어 TCNT0에 새로운 값을 기록할 수 있음을 표시한다.

– 비트 1 : OCR0UB (Output Compare Register 0 Update Busy)

타이머 0이 외부에서 TOSC1단자로 입력되는 클럭을 소스로 하여 비동기모드로 동작하고 있을 때 OCR0레지스터에 새로운 값을 기록하면 1로 세트된다. 기록이 완료되면 0으로 자동적으로 클리어되어 OCR0에 새로운 값을 기록할 수 있음을 표시한다.

– 비트 0 : TCR0UB (Timer Counter Register 0 Update Busy)

타이머 0이 외부에서 TOSC1단자로 입력되는 클럭을 소스로 하여 비동기모드로 동작하고 있을 때 TCCR0레지스터에 새로운 값을 기록하면 1로 세트된다. 기록이 완료되면 0으로 자동적으로 클리어되어 TCCR0에 새로운 값을 기록할 수 있음을 표시한다.

● SFIOR : Special Function I/O Register

Bit	7	6	5	4	3	2	1	0	
	TSM	–	–	–	ACME	PUD	PSR0	PSR321	SFIOR
Read/Write	R/W	R	R	R	R/W	R/W	R/W	R/W	
Initial Value	0	0	0	0	0	0	0	0	

– 비트 7 : TSM (Timer Synchronization Mode)

이 비트를 0으로 클리어하면 PSR0, PSR321비트가 하드웨어적으로 클리어되며 타이머들이 동시에 카운팅 동작을 시작한다. 1로 하면 PSR0, PSR321비트에 기록한 값을 유지하여 대응하는 프리스케일러 리셋 신호를 발생하고 해당 타이머의 동작을 정지시켜 같은 값으로 설정할 수 있도록 한다.

– 비트 1 : PSR0 (Prescaler Reset Timer 0)

이 비트를 1로 하면 타이머 0의 프리스케일러를 리셋시키며 완료 후에 자동적으로 클리어된다. TSM = 1이면 자동적으로 클리어되지 않는다.

– 비트 0 : PSR123 (Prescaler Reset Timer 123)

이 비트를 1로 하면 타이머 0의 프리스케일러를 리셋시키며 완료후에 자동적으로 클리어 된다. TSM = 1 이면 자동적으로 클리어 되지 않는다.

2) 16비트 타이머/카운터

타이머/카운터 1, 3은 3개의 PWM 출력 및 캡쳐 기능을 갖는 16비트 업/다운 카운터로 10비트의 프리스케일러를 갖고 있어 이를 통하여 내부 클럭을 소스로 받아 타이머나 카운터로 동작한다. 오버플로와 출력비교에 의한 인터럽트 이외에 입력 캡쳐 인터럽트 기능을 작고 있고, 주파수를 발생할 수 있는 기능과 출력 비교 기능을 갖고 있다. 비트수 이외에 동작은 8비트 타이머와 유사하다.

16비트 타이머 카운터는 5가지의 다른 파형 발생모드가 있는데 계수동작은 TCCRnA 와 TCCRnB(n는 1또는 3)레지스터의 파형 발생모드 비트(WGMn3 ~ WGMn0) 설정에 따라 결정된다. 아래 그림은 16비트 타이머/카운터의 블록도이다.

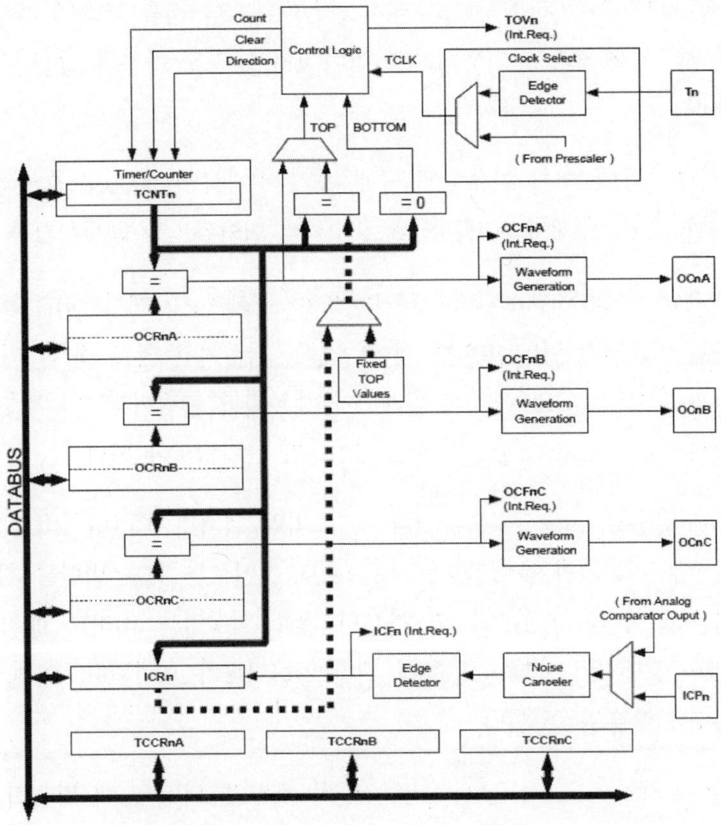

[그림 44] 16비트 타이머/카운터 블록 다이어그램

① 구성

- 프리스케일러(Prescaler)

내부클럭 $clk_{I/O}$을 클럭 소스로 사용하여 1, 8, 64, 256, 1024의 분주비로 프리스케일러에서 나누어 TCLK에 사용될 클럭을 생성한다. 분주비의 선택은 TCCRxB 레지스터로 설정한다.

- TCLK : Tx핀으로 입력되는 외부 클럭을 프리스케일러를 거치지 않고 TCLK 클럭이 생성되거나, 내부 클럭 $clk_{I/O}$를 프리스케일러에서 나누어 TCLK 클럭이 생성된다.

- TCCRnA ~ C : 타이머 x의 설정을 위한 레지스터

- TCNTn(Timer/CouNTer n) 레지스터 : TCLK클럭을 로직에 따라 업/다운 카운팅을 수행하거나 리셋되는 타이머 x의 16비트 카운터 값을 저장하는 레지스터

- TOVn : TCNTn가 카운팅에 의해 0xFFFF에서 0x0000로 오버플로우가 일어나면 TOVx 플래그가 세트되고 오버플로 인터럽트를 발생시킬 수 있게 된다.

- OCRnA ~ C(Output Compare Resister x A ~ C) 레지스터 : TCNTn의 값과 출력 비교되기 위한 16비트 데이터 값을 저장하고 있는 레지스터로 TCNTn의 값과 같으면 OCFnA ~ C 플래그가 세트되고 출력비교 인터럽트를 요청하여 출력핀 OCnA ~ OCnC 단자로 데이터가 출력되도록 한다.

- ICRn(Input Capture Register x) : 입력 캡쳐핀 ICn(타이머 1의 경우는 아날로그 비교기의 출력신호도 가능)으로 들어오는 신호 변화를 검출하여 일어나는 입력캡쳐시 TCNTn의 카운터 값을 저장하는 16비트 레지스터로 이때 ICFn 플래그가 세트되고 입력 캡쳐 인터럽트가 요청된다. 어떤 신호의 주기 측정에 응용될 수 있다.

- 제어로직(Control Logic) : TCNTn가 제로가 되었을 때 발생하는 BOTTOM 신호, TCNTn 카운터값이 0xFFFF에 도달하거나 카운터가 실제로 도달할 수 있는 초대값 혹은 OCRnA ~ C, ICRn에 설정된 값에 도달하면 발생하는 TOP 신호를 입력으로 받아들여 TCNTn 카운터를 업/다운 카운팅을 수행하게 하거나 리셋시킨다.

② 동작 모드

8비트 타이머/카운터의 동작 모드는 TCCRnA와 TCCRnB 레지스터의 WGMn3: WGMn0 (Waveform Generation Mode) 비트 설정에 따라 5가지 동작 모드가 결정되고, COMnx1 ~ COMnx0(x는 A, B, C, n은 1 또는 3)비트에 의하여 출력 신호의 동작이 지정됨으로써 각각 3개씩 OCnx 출력 단자에 어떤 파형을 출력하게 될지를 결정할 수 있게 된다. 동작 모드를 간단히 살펴보면 아래 표와 같다.

파형 발생모드	TCCRnB 레지스터		TCCRnA 레지스터		최댓값 (TOP)	TCNTn 카운터의 16진 계수 순서
	WGMn3	WGMn2	WGMn1	WGMn0		
일반 모드	0	0	0	0	FFFF	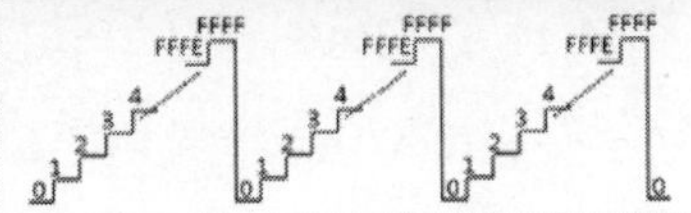
고속 PWM 모드	0	1	0	1	FF	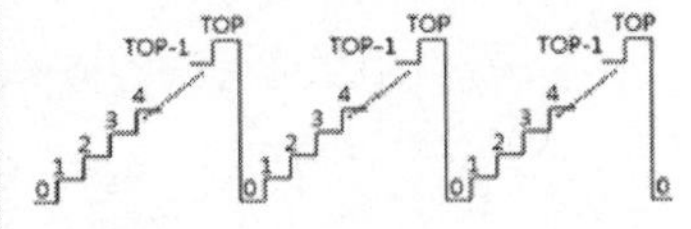
	0	1	1	0	1FF	
	0	1	1	1	3FF	
	1	1	1	0	ICRn	
	1	1	1	1	OCRnA	
위상정정 PWM 모드	0	0	0	1	FF	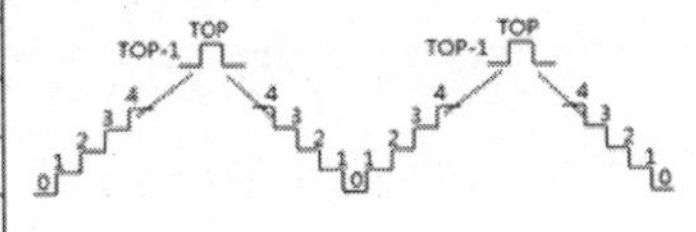
	0	0	1	0	1FF	
	0	0	1	1	3FF	
	1	0	1	0	ICRn	
	1	0	1	1	OCRnA	
위상-주파수 정정 PWM 모드	1	0	0	0	ICRn	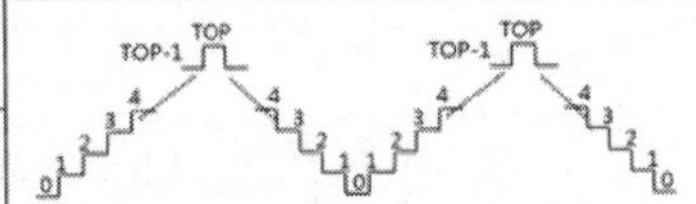
	1	0	0	1	OCRnA	
CTC 모드	0	1	0	0	OCRnA	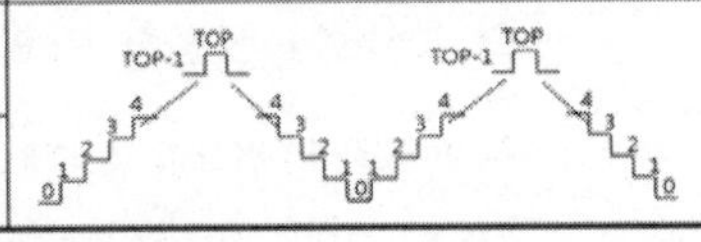
	1	1	0	0	ICRn	

[그림 45] 16비트 타이머/카운터 동작 모드

㉠ 일반 모드

TCCRnx 레지스터의 WGMn3 ~ WGMn0를 = 00으로 설정하는 모드이다. 이때 타이머 n(n = 1,3)는 항상 상향 카운터로만 동작한다. TCNTn의 값이 0xFFFF에서 0으로 바뀌는 순간 TOVn 비트가 세트되며, 오버플로 인터럽트 발생이 요청된다. 출력비교 인터럽트를 일반 모드에서 사용할 수도 있으나 고속 PWM모드를 사용하는 것이 좋다.

타이머/카운터의 시간 간격 설정은 오버플로 인터럽트가 요청될 때마다 인터럽트를 발생시켜 TCNTn의 초기값 T_0를 적당하게 설정하면 원하는 시간 간격을 얻을 수 있다. TCCRnB비트 2 ~ 0(CSn2 ~ 0)의 값에 따라 1, 8, 64, 256, 1024 분주가 되므로 클럭을 $f\,MHz$로 사용하는 경우 분주비를 N이라 하면 다음에 의해 시간 간격 T가 결정된다. 즉 오버플로 인터럽트가 요청되는 시간 간격은 T이다.

$$T[usec] = N \times (65536 - T_0)/f$$

ⓛ CTC 모드(Clear Timer on Compare match)

TCCRnB 레지스터의 WGMn3 ~ WGMn0를 4 또는 12로 설정하는 모드이다. CTC모드의 4번 모드(WGMn3:2:1:0 = 0:1:0:0)에서는 TCNTn의 값이 OCRnA레지스터에 설정한 값과 일치되면 그 다음 클럭 사이클에서 TCNTn의 값이 0으로 클리어된다. 이때 OCFnA비트가 세트되며 출력비교 인터럽트 발생이 요청된다. 이때 인터럽트를 발생시켜 OCRnA의 값을 바꾸면 주기를 원하는 대로 변경할 수 있다. OCn단자로 하여금 출력파형을 발생하도록 할 수 있는데 COMnx1~0을 01로 설정하고 OCRnA레지스터 값을 바꿔가면서 출력비교에 의해 OCnx의 신호를 토글하는 경우는 아래 그림과 같다.(여기에서 n=1, 3, x=A, B, C)

12번 모드(WGMn3:2:1:0 = 1:1:0:0)에서는 TCNTn의 값이 입력캡쳐 레지스터 ICRn에 설정한 값과 일치되면 그 다음 클럭 사이클에서 TCNTn의 값이 0으로 클리어된다. 이때 ICFn비트가 세트되며 입력캡쳐 인터럽트 발생이 요청된다. 이때 인터럽트를 발생시켜 ICRn의 값을 바꾸면 주기를 원하는 대로 변경할 수 있다. OCnx단자로 하여금 출력파형을 발생하도록 할 수 있는데 COMnx1~0을 01로 설정하고 OCRnA레지스터 값을 바꿔가면서 출력비교에 의해 OCnx의 신호를 토글하는 경우는 아래 그림과 같다.

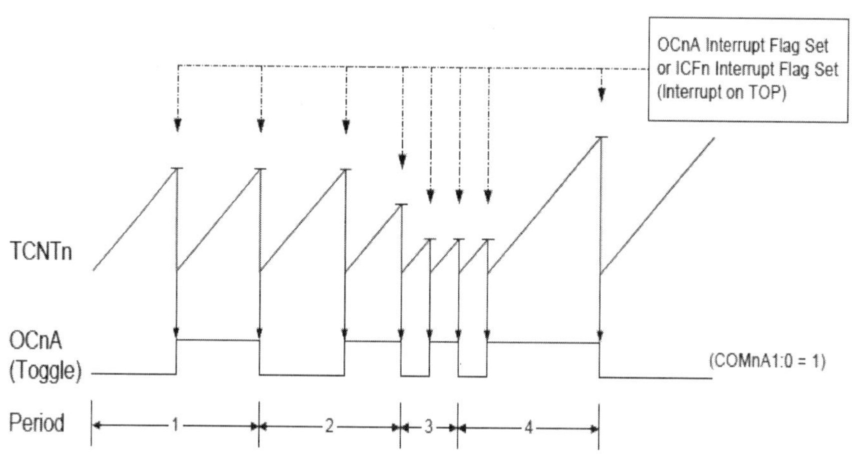

[그림 46] 타이머1, 3의 CTC 모드

이때 주기는 COMnx1:COMnx0을 0:1로 설정하고 OCRnA나 ICRn레지스터

값을 어떤 일정한 값 CU0로 놓고 출력비교에 의해 OCnx의 신호를 토글하는 경우TCCRnB의 비트 2~0(CSn2~CSn0)의 값에 따라 1, 8, 64, 256, 1024분주가 되므로 클럭을 $f\,MHz$로 사용하는 경우 분주비를 N이라 하면 다음에 의해 시간 간격 T가 결정된다. 출력 비교 인터럽트가 요청되는 시간 간격은 T/2이다.

$$4\text{모드} : T[usec] = 2N \times (1 + OCRnA)/f$$

$$12\ \text{모드} : T[usec] = 2N \times (1 + ICRn)/f$$

ⓒ 고속 PWM 모드

TCCRnB 레지스터의 WGMn3 ~ WGMn0를 5, 6, 7, 14, 15로 설정하는 모드이다. TCNTx는 반복적으로 업카운팅하며 항상 0x0000~TOP의 값을 갖는다. TOP의 값은 모드 번호에 따라 0x00FF, 0x1FF, 0x03FF, ICRn, OCRnA을 갖는다. TCNTn의 값이 TOP 값과 일치되면 그 다음 사이클에서 0으로 클리어되며 OCFnA비트가 세트되어 출력비교 인터럽트가 요청되거나 ICFn비트가 세트되어 입력캡쳐 인터럽트가 요청되거나 TOVn비트가 세트되어 오버플로 인터럽트가 요청될 수 있으며 OCRnA와 TOP값을 업데이트 할 수 있다. COMnx1~0을 10으로 세팅한 경우 TCNTn의 값은 ICRn나 OCRnx값과 같아지면OCnx의 값은 0으로 클리어된다. 그리고 TCNTn는 업카운팅을 계속하여 TOP까지 증가했다가 0으로 바뀌는 순간 OCnx는 1로 세트된다. 인터럽트가 요청될 때 인터럽트를 발생시켜 TOP 값이나 OCRnx의 값을 바꾸어 듀티비를 제어할 수 있다. 레귤레이터, 정류 및 DA 변환에 적합하다. 특히 고주파를 사용하기 때문에 코일, 콘덴서등 외부소자가 필요 없어 비용을 절감시킬 수 있다.

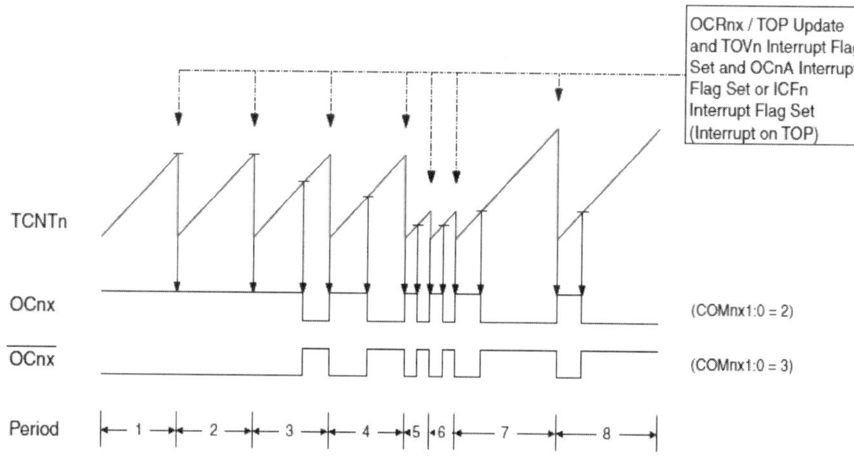

[그림 47] 타이머1, 3의 고속 PWM 모드

이때 주기는 0~TOP값을 업카운팅하므로 TCCRnB의 비트2~0(CSn2~n0)값에 따라 1,8, 64, 256, 1024의 분주비로 분주되므로 클럭을 $f\,MHz$로 사용하고 분주비를 N이라 하면 다음에 의해 파형의 주기 T가 결정된다. 즉오버플로우 인터럽트가 요청되는 시간간격은 T이다.

$$T[usec] = N \times (1 + TOP)/f$$

㉣ 위상 정정 PWM 모드

TCCRnB 레지스터의 WGMn3 ~ WGMn0를 1, 2, 3, 10, 11로 설정하는 모드이다. TCNTn는 업카운팅하여 TOP으로 증가하다가 다운카운팅으로 0x0000으로 감소를 반복한다. TOP의 값은 모드 번호에 따라 0x00FF, 0x1FF, 0x03FF, ICRn, OCRnA을 갖는다. TCNTn가 TOP값에 도달하면 OCRnx, TOP의 값이 경신되고 OCFnA비트가 세트되어 출력비교 인터럽트가 요청되거나 ICFn비트가 세트되어 입력캡쳐 인터럽트가 요청될 수 있다. TCNTn가 0x0000에 도달하면 TOVn비트가 세트되어 오버플로 인터럽트가 요청될 수 있다. COMnx1 : COMnx0을 1:0으로 세팅한 경우 TCNTn의 값이 OCRnx레지스터에 설정한 값과 일치되면 OCnx의 값은 상향 카운팅의 경우에는 0으로 하향의 경우에는 1로 세트된다. 그리고 TCNTn는 업카운팅을 계속하여 TOP에 도달하면 하향 카운팅이 시작된다. 위상 정정 PWM모드에서는 OCRnx 레지스터에 이중 버퍼링 기능이 있어 PWM 주기를 변경하기 위해 OCRnx 레지스터에 새로운 값을 기록하더라도 즉시 변경되지 않고 TCNTnx이 TOP에 도달하면 갱신된다. OCRnx레지스터 값과 듀티비가 비례함을 아래 그림에서 알 수 있다.

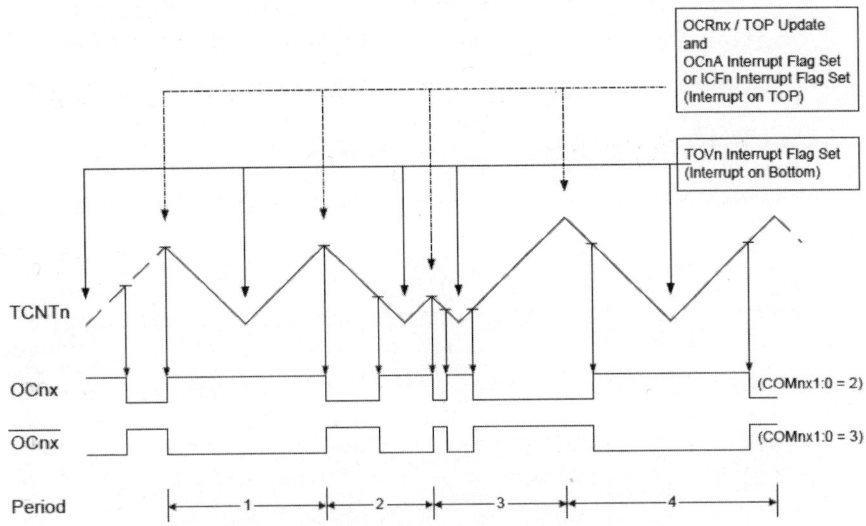

[그림 48] 타이머1, 3의 위상 정정 PWM 모드

이때 주기는 0 ~ TOP 값을 업/다운 카운팅 하므로 TCCRnB의 비트 2~0 (CSn2~CSn0)값에 따라 1, 8, 64, 256, 1024 분주가 되므로 클럭을 $f\,MHz$로 사용하고 분주비를 N이라 하면 다음에 의해주기 T가 결정된다. 즉 오버플로 인터럽트가 요청되는 시간간격은 T이다.

$$T[usec] = 2N \times TOP/f$$

ⓜ 위상-주파수 정정 PWM 모드

TCCRnB 레지스터의 WGMn3 ~ WGMn0를 8, 9로 설정하는 모드이다. 위상정정 PWM모드와 거의 똑같고 다른 점은 TOP의 값이 모드 번호에 따라 ICRn, OCRnA 만을 갖는다는 것이고 새로운 값으로의 경신이 TCNTn가 0일 때 이루어진다는 것이다. TCNTn는 업카운팅하여 TOP으로 증가하다가 다운카운팅으로 0x0000으로 감소를 반복한다. TCNTn가 TOP값에 도달하면

OCnA비트가 세트되어 출력비교 인터럽트가 요청되거나 ICFn비트가 세트되어 입력캡쳐 인터럽트가 요청될 수 있다. TCNTn가 0x0000에 도달하면 OCRnx, TOP의 값이 경신되고 TOVn비트가 세트되어 오버플로 인터럽트가 요청될 수 있다. COMnx1 : COMnx0을 1:0으로 세팅한 경우 TCNTn의 값이 OCRnx레지스터에 설정한 값과 일치되면 OCnx의 값은 상향 카운팅의 경우에는 0으로 하향의 경우에는 1로 세트된다. 그리고 TCNTn는 업카운팅을 계속하여 TOP에 도달하면 하향 카운팅이 시작된다. 주기 설정은 위상 정정 PWM과 동일하다.

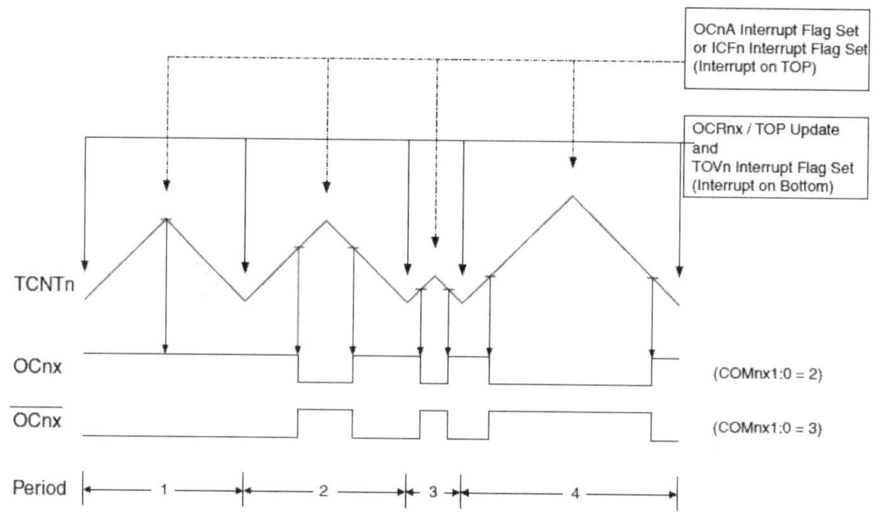

[그림 49] 타이머 1, 3의 위상-주파수 정정 PWM 모드

③ 관련 레지스터

● TCCRnA : Timer/Counter Control Register n A (n = 1, 3)

Bit	7	6	5	4	3	2	1	0	
	COMnA1	COMnA0	COMnB1	COMnB0	COMnC1	COMnC0	WGMn1	WGMn0	TCCRnA
Read/Write	R/W	R/W	R/W	R/W	R/W	R/W	R/W	R/W	
Initial Value	0	0	0	0	0	0	0	0	

비트 7,6의 COMnA1, COMnA0와 비트 5,4의 COMnB1, COMnB0 및 비트 3, 2의 COMnC1, COMnC0는 각각 OCnA, OCnB, OCnC핀의 동작을 설정한다. 출력핀의 동작은 타이머/카운터 1, 3의 동작 모드에 의하여 달라진다.

-. 비트 7~ 6 : COMnA1, COMnA0 (Compare match Output Mode for channel A) 채널 A의 비교일치 출력 모드

-. 비트 5~ 4 : COMnB1, COMnB0 (Compare match Output Mode for channel B) 채널 B의 비교일치 출력 모드

-. 비트 3~ 2 : COMnC1, COMnC0 (Compare match Output Mode for channel C) 채널 C의 비교일치 출력 모드

	COMnx1	COMnx0	OCnx 핀의 기능
PWM모드가 아닌 경우	0	0	정상적인 범용 I/O 포트로 동작 (OCnx 출력을 차단)
	0	1	비교일치에서 OCnx 출력을 토클
	1	0	비교일치에서 OCnx 출력을 0으로 클리어
	1	0	비교일치에서 OCnx 출력을 1로 세트
Fast PWM 모드인 경우	0	0	정상적인 범용 I/O 포트로 동작 (OCnx 출력을 차단)
	0	1	모드 15의 경우 비교일치에서 OCnA 출력을 토글하고 OCnB와 OCnC는 출력을 차단하며, 기타 모드에서는 OCnx출력을 차단
	1	0	비교일치에서 OCnx 출력을 0으로 클리어 하고 TOP에서 OCnx 출력을 1로 세트
	1	0	비교일치에서 OCnx 출력을 1로 세트하고 TOP에서 OCnx 출력을 0으로 클리어
Phase (and Frequency) Correct PWM 모드인 경우	0	0	정상적인 범용 I/O 포트로 동작 (OCnx 출력을 차단)
	0	1	모드 9, 11의 경우 비교일치에서 OCnA 출력을 토글하고 OCnB와 OCnC는 출력을 차단하며, 기타 모드에서는 OCnx출력을 차단
	1	0	상향 카운터에서는 비교일치에서 OCnx을 0으로 클리어 하향 카운터에서는 비교일치에서 OCnx을 1로 세트
	1	0	상향 카운터에서는 비교일치에서 OCnx을 1로 세트 하향 카운터에서는 비교일치에서 OCnx을 0으로 클리어

-. 비트 1 ~ 0 : WGMn0, WGMn1 (Waveform Generation Mode n0, n1)

비트 1, 0의 WGMn1 ~ WGMn0는 TCCR1B 또는 TCCR3B 레지스터의 WGMn3 ~ WGMn2 비트와 결합하여 타이머/카운터 1, 3의 동작 모드를 결정한다.

모드	WGM n3	WGM n2	WGM n1	WGM n0	동작 모드	TOP	OCRn 갱신 시점	TOVn 플래그 세트시점
0	0	0	0	0	Nomal	0xFFFF	설정 즉시	MAX
1	0	0	0	1	Phase Correct PWM(8bit)	0x00FF	TOP	BOTTOM
2	0	0	1	0	Phase Correct PWM(9bit)	0x01FF	TOP	BOTTOM
3	0	0	1	1	Phase Correct PWM(10bit)	0x03FF	TOP	BOTTOM
4	0	1	0	0	CTC	OCRnA	설정즉시	MAX
5	0	1	0	1	Fast PWM(8bit)	0x00FF	TOP	TOP
6	0	1	1	0	Fast PWM(9bit)	0x01FF	TOP	TOP
7	0	1	1	1	Fast PWM(10bit)	0x03FF	TOP	TOP
8	1	0	0	0	Phase and Frequency Correct PWM	ICRn	BOTTOM	BOTTOM
9	1	0	0	1	Phase and Frequency Correct PWM	OCRnA	BOTTOM	BOTTOM
10	1	0	1	0	Phase Correct PWM	ICRn	TOP	BOTTOM
11	1	0	1	1	Phase Correct PWM	OCRnA	TOP	BOTTOM
12	1	1	0	0	CTC	ICRn	설정즉시	MAX
13	1	1	0	1	(reserved)	-		
14	1	1	1	0	Fast PWM	ICRn	TOP	TOP
15	1	1	1	1	Fast PWM	OCRnA	TOP	TOP

● TCCRnB : Timer/Counter Control Register n B (n = 1, 3)

Bit	7	6	5	4	3	2	1	0	
	ICNCn	ICESn	–	WGMn3	WGMn2	CSn2	CSn1	CSn0	TCCRnB
Read/Write	R/W	R/W	R	R/W	R/W	R/W	R/W	R/W	
Initial Value	0	0	0	0	0	0	0	0	

이 레지스터는 타이머 n의 동작 모드와 분주비 등을 설정한다.

-. 비트 7 : ICNCn (Input Capture Noise Canceler n)

입력캡쳐 단자 ICPn으로 입력되는 캡쳐 신호를 위한 노이즈 제거 회로가 작동 하도록 설정한다. 1로 세트하면 입력 캡쳐단자 ICPn로 입력되는 캡쳐 신호를 위한 노이즈 회로를 작동시켜 필터링 한다. 필터링에 의해 캡쳐신호가 4클럭 지연된다.

-. 비트 6 : ICESn (Input Capture Edge Select n)

입력캡쳐 단자 IPCn으로 입력되는 신호의 에지를 선택한다. 1로 세트하면 ICPn로 입력되는 캡쳐 신호가 상승에지일 때, 0이면 하강에지일 때 캡쳐가 수행된다.

-. 비트 5 : 보류

-. 비트 3 ~ 2 : WGMn3, WGMn2 (Waveform Generation Mode n3, n2)

타이머 n는 16가지 동작 모드를 갖는데 TCCRnA의 비스 1 ~ 0과 결합하여 동작 모드를 설정한다.

-. 비트 2~ 0 : CSn2, CSn1, CSn0 (Clock Select n2, n1, n0)

아래 표와 같이 프리스케일러의 분주비와 클럭 소스를 선택한다.

CSn2	CSn1	CSn0	클럭 소스의 기능
0	0	0	클럭 입력을 차단(타이머/카운터n의 기능이 정지됨)
0	0	1	$clk_{I/O}$ / 1
0	1	0	$clk_{I/O}$ / 8
0	1	1	$clk_{I/O}$ / 64
1	0	0	$clk_{I/O}$ / 256
1	0	1	$clk_{I/O}$ / 1024
1	1	0	Tn 핀에서 입력되는 외부 클럭(하강 에지에서 동작)
1	1	1	Tn 핀에서 입력되는 외부 클럭(상승 에지에서 동작)

● TCCRnC : Timer/Counter Control Register n C (n = 1, 3)

Bit	7	6	5	4	3	2	1	0	
	FOCnA	FOCnB	FOCnC	–	–	–	–	–	TCCRnC
Read/Write	W	W	W	R	R	R	R	R	
Initial Value	0	0	0	0	0	0	0	0	

타이머/카운터 1, 3의 비교출력 단자와 관련된 기능을 설정하는데 사용된다.

-. 비트 7 ~ 5 : FOCnA ~ C (Force Output Compare n A ~ C)

PWM 모드가 아닌 경우에만 유효하며, 1로 설정하면 강제로 OCnA ~ C 에 출력 비교가 일치 할 때 출력하게 되는 값과 동일한 출력을 내보낸다. 이 경우 인터럽트가 발생하지 않고 CTC모드에서 TCNTn을 클리어 시키지도 않으므로 보통 0으로 설정한다.

● TCNTn : Timer Counter Register (n = 1, 3)

Bit	7	6	5	4	3	2	1	0	
	TCNTn[15:8]								TCNTnH
	TCNTn[7:0]								TCNTnL
Read/Write	R/W	R/W	R/W	R/W	R/W	R/W	R/W	R/W	
Initial Value	0	0	0	0	0	0	0	0	

TCNT1, TCNT3 레지스터는 타이머/카운터 1,3의 16비트 카운터 값을 저장하고 있는 레지스터이다. 8비트씩 2번으로 나누어 엑세스 해야 한다.

● OCR1x, OCR3x : Output Compare Register (x = A, B, C)

Bit	7	6	5	4	3	2	1	0	
	OCR1A[15:8]								OCR1AH
	OCR1A[7:0]								OCR1AL
Read/Write	R/W	R/W	R/W	R/W	R/W	R/W	R/W	R/W	
Initial Value	0	0	0	0	0	0	0	0	

Bit	7	6	5	4	3	2	1	0	
	OCR1B[15:8]								OCR1BH
	OCR1B[7:0]								OCR1BL
Read/Write	R/W	R/W	R/W	R/W	R/W	R/W	R/W	R/W	
Initial Value	0	0	0	0	0	0	0	0	

Bit	7	6	5	4	3	2	1	0	
	OCR1C[15:8]								OCR1CH
	OCR1C[7:0]								OCR1CL
Read/Write	R/W	R/W	R/W	R/W	R/W	R/W	R/W	R/W	
Initial Value	0	0	0	0	0	0	0	0	

Bit	7	6	5	4	3	2	1	0	
	OCR3A[15:8]								OCR3AH
	OCR3A[7:0]								OCR3AL
Read/Write	R/W	R/W	R/W	R/W	R/W	R/W	R/W	R/W	
Initial Value	0	0	0	0	0	0	0	0	

Bit	7	6	5	4	3	2	1	0	
	OCR3B[15:8]								OCR3BH
	OCR3B[7:0]								OCR3BL
Read/Write	R/W	R/W	R/W	R/W	R/W	R/W	R/W	R/W	
Initial Value	0	0	0	0	0	0	0	0	

Bit	7	6	5	4	3	2	1	0	
	OCR3C[15:8]								OCR3CH
	OCR3C[7:0]								OCR3CL
Read/Write	R/W	R/W	R/W	R/W	R/W	R/W	R/W	R/W	
Initial Value	0	0	0	0	0	0	0	0	

이 레지스터는 타이머/카운터 레지스터 TCNTn 값과 비교하여 OCnx 단자에 출력 신호를 발생하기 위한 16비트값을 저장하는 레지스터이다.

- ICR1, ICR3 : Input Compare Register

Bit	7	6	5	4	3	2	1	0	
	ICR1[15:8]								ICR1H
	ICR1[7:0]								ICR1L
Read/Write	R/W	R/W	R/W	R/W	R/W	R/W	R/W	R/W	
Initial Value	0	0	0	0	0	0	0	0	

Bit	7	6	5	4	3	2	1	0	
	ICR3[15:8]								ICR3H
	ICR3[7:0]								ICR3L
Read/Write	R/W	R/W	R/W	R/W	R/W	R/W	R/W	R/W	
Initial Value	0	0	0	0	0	0	0	0	

입력 캡쳐 신호(타이머/카운터1의 경우에는 아날로그 비교기로의 출력 신호도 사용가능)에 의하여 타이머/카운터 레지스터 TCNTn 값을 캡쳐하여 저장하는 16비트 레지스터이다. ICRn 레지스터는 일부의 동작 모드에서 TOP로 사용되기도 한다.

- TIMSK : Timer/Counter Interrupt Mask Register

Bit	7	6	5	4	3	2	1	0	
	OCIE2	TOIE2	TICIE1	OCIE1A	OCIE1B	TOIE1	OCIE0	TOIE0	TIMSK
Read/Write	R/W	R/W	R/W	R/W	R/W	R/W	R/W	R/W	
Initial Value	0	0	0	0	0	0	0	0	

TIMSK 레지스터는 타이머 0,1,2가 발생하는 인터럽트를 개별적으로 허용하는 기능을 수행하는 레지스터이다.

- 비트 5 : TICIE1 (Timer Input Capture Interrupt Enable 1)

  1로 설정하면 타이머 1의 입력 캡쳐 인터럽트를 개별적으로 허용한다.

- 비트 4, 3 : OCIE1A, OCIE1B (Output Compare match Interrupt Enable timer 1A, 1B)

  1로 설정되면 타이머 1의 출력비교 인터럽트 A, B를 개별적으로 허용한다.

- 비트 2 : TOIE1 (Timer Overflow Interrupt Enable for timer 1)

  1로 설정되면 타이머 1의 오버플로 인터럽트를 개별적으로 허용한다.

● ETIMSK : Extended Timer/Counter Interrupt Mask Register)

Bit	7	6	5	4	3	2	1	0	
	–	–	TICIE3	OCIE3A	OCIE3B	TOIE3	OCIE3C	OCIE1C	ETIMSK
Read/Write	R	R	R/W	R/W	R/W	R/W	R/W	R/W	
Initial Value	0	0	0	0	0	0	0	0	

ETIMSK 레지스터는 타이머 1, 3이 발생하는 인터럽트를 개별적으로 허용하는 레지스터이다.

- 비트 5 : TICIE3 (Timer Input Capture Interrupt Enable 3)

  1로 설정되면 타이머 3의 입력 캡쳐 인터럽트를 개별적으로 허용한다.

- 비트 4, 3 : OCIE3A, OCIE3B (Output Compare match Interrupt Enable timer 3 A, B)

  1로 설정되면 타이머3의 출력 비교 인터럽트 A, B를 개별적으로 허용한다.

- 비트 2 : TICIE3 (Timer Overflow Interrupt Enable for timer 1)

  1로 설정되면 타이머3의 오버플로 인터럽트를 개별적으로 허용한다.

- 비트 1, 0 : OCIE3C, OCIE1C (Output Compare match Interrupt Enable timer 1C, 3C)

1로 설정되면 타이머1, 3의 출력비교 인터럽트 C를 개별적으로 허용한다.

- TIFR : Timer/Counter Interrupt Frag Register

Bit	7	6	5	4	3	2	1	0	
	OCF2	TOV2	ICF1	OCF1A	OCF1B	TOV1	OCF0	TOV0	TIFR
Read/Write	R/W	R/W	R/W	R/W	R/W	R/W	R/W	R/W	
Initial Value	0	0	0	0	0	0	0	0	

타이머 0~ 2가 발생하는 인터럽트 플래그를 저장한다. 소프트웨어 적으로 강제로 클리어 하려면 1을 write하여야 한다.

- 비트 5 : ICF1(Input Capture Flag 1)

  타이머 1의 입력 캡쳐 신호 또는 아날로그 비교기로부터의 신호에 의해 캡쳐 동작이 수행 될 때 1로 세트되고 입력 캡쳐 인터럽트가 요청된다. ICR1 레지스터가 TOP값으로 사용되는 동작 모드에서 TCNT1의 값이 TOP과 같아질 때 1로 세트되고 인터럽트가 요청된다. 인터럽트가 서비스되기 시작하면 자동적으로 클리어된다.

- 비트 4, 3 : OCF1A, OCF1B (Output Compare match Flag 1A, 1B)

  타이머1의 TCNT1레지스터와 출력 비교 레지스터 OCR1A, OCR1B의 값을 비교하여 같으면 OCF1A, OCF1B는 1로 세트되고 출력 비교 인터럽트가 요청된다. 인터럽트가 서비스되기 시작하면 자동적으로 클리어된다.

- 비트 2 : TOV1 (Timer Overflow Flag 1)

  타이머 1에서 오버플로우가 발생하면 (0xFFFF에서 0x0000으로 넘어가면) TOV1는 1로 세트되면서 오버플로우 인터럽트가 요청된다. 인터럽트가 서비스되기 시작하면 자동적으로 클리어 된다. Phase correct PWM모드에서는 타이머1이 0x00에서 계수방향을 바꿀 때 TOV1가 세트된다.

- ETIFR : Extended Timer/Counter Interrupt Flag Register

Bit	7	6	5	4	3	2	1	0	
	–	–	ICF3	OCF3A	OCF3B	TOV3	OCF3C	OCF1C	ETIFR
Read/Write	R/W	R/W	R/W	R/W	R/W	R/W	R/W	R/W	
Initial Value	0	0	0	0	0	0	0	0	

– 비트 5 : ICF3 (Input Capture Flag 3)

타이머3의 입력 캡쳐 신호 또는 아날로그 비교기로부터의 신호에 의해 캡쳐 동작이 수행될 때 1로 세트되고 입력캡쳐 인터럽트가 요청된다. ICR3 레지스터가 TOP값으로 사용되는 동작 모드에서 TCNT3의 값이 TOP과 같아질 때 1로 세트되고 인터럽트가 요청된다. 인터럽트가 서비스되기 시작하면 자동적으로 클리어된다.

– 비트 4, 3, 1 : OCF3A, B, C (Output Compare match Flag 3 A, B, C)

타이머3의 TCNT3 레지스터와 출력비교 레지스터 OCR3A ~ C 의 값을 비교하여 같으면 OCF3A ~ C는 1로 세트되고 출력비교 인터럽트가 요청된다. 인터럽트가 서비스되기 시작하면 자동적으로 클리어된다.

– 비트 2 : TOV3 (Timer Overflow Flag 3)

타이머 3에서 오버플로우가 발생하면 TOV3은 1로 세트되면서 오버플로우 인터럽트가 요청된다. 인터럽트가 서비스되기 시작하면 자동적으로 클리어된다. Phase correct PWM 모드에서는 타이머 1이 0x00에서 계수 방향을 바꿀 대 TOV3가 세트된다.

– 비트 0 : OCF1C (Output Compare match Flag 1C)

타이머 1의 TCNT1 레지스터와 출력비교 레지스터 OCR1C의 값을 비교하여 같으면 OCF1C는 1로 세트되고 출력비교 인터럽트가 요청된다. 인터럽트가 서비스되기 시작하면 자동적으로 클리어한다.

1.4 ADC

1.4.1 ADC 관련 이론

1) ADC란?

ADC는 아날로그 신호(온도, 압력, 음성, 전압, 영상 신호등 연속적으로 측정되는 신호)를 부호화된 디지털 신호로 변환하는 것을 말한다.

2) ADC 변환 과정

- 전처리 : 아날로그 신호에 포함된 잡음을 제거하고 신호의 대역폭을 제안하여 엘리어싱(Aliasing)을 줄인다.
- 표본화 : 신호 대역폭 두 배 이상의 일정한 샘플링(sampling) 주파수에 따라 신호값을 취한다. 즉 신호에 포함된 최고 주파수 성분 주기의 1/2보다 작은 주기로 신호값을 취하여 저장한다.
- 양자화 : 표본화된 아날로그 신호는 연속적인 양으로 이를 2진화하면 무한한 자리수가 필요하다. 그러므로 표본화된 값을 작은 구간으로 분할하여 유한한 단계의 유한한 자리수를 갖는 불연속적인 대푯값에 할당할 필요가 있는데 이것을 양자화라 한다. 양자화 단계 개수가 많으면 실제값과 대푯값의 차인 양자화 오차를 줄일 수 있으나 디지털 출력의 비트수가 증가하여 이를 처리하기 위한 시간과 장치가 많이 요구된다.
- 부호화 : 양자화된 값에 2진 디지털 코드를 부여하는 것을 부호화라 한다.

3) 분해능

디지털 값으로 표현하는 비트수를 의미한다. 얼마나 세밀하게 체크 하는가가 얼마나 "분해"를 하는 것인가와 의미가 비슷하다. 더 세밀하게 체크를 할 수 있다면 보다 정확한 데이터를 구할 수 있다.

ATmega128은 10비트 ADC가 있는데 이는 아날로그 전압을 10비트(2^{10}, 1024)의 디지털값으로 표시할 수 있다는 것을 의미한다. ADC는 기준 전압을 기준으로 입력되는 전압을 1024등분 하여 디지털 값으로 나타 낼 수 있다는 것을 의미한다. 예를 ADC기준 전압이 5V이면 1비트가 의미하는 전압은 는 5V/1024의 값으로 약 4.88mV가 된다. 만일 단일 신호 AD 변환 후 ADC 포트의 입력값을 확인 하였을 때 1000값이 들어 왔다면 포트로 입력이 4.8V가 입력된다는 것을 의미한다.

4) 싱글엔디드(single-ended, 단일 신호) 와 디퍼런셜(differential, 차동 신호)

단일 신호는 접지(GND)를 기준으로 신호가 동작하는 방식이고 차동 신호는 두 신호의 차이로 신호가 동작하는 방식이다. 차동 신호는 공통 잡음을 제거할 수 있어 싱글엔디드에 비해 잡음에 강하기 때문에 사용한다.

5) ATmega128의 ADC

① 특징

- 10비트 분해능
- 적분 비선형성
- 13 ~ 260usec 변환시간(50Khz ~ 200Khz)
- 15kSPS(kilo Samples Per Second)의 최대 분해능
- 8채널의 멀티 플렉스된 단일 입력
- 7채널의 차동 입력
- 10배 또는 200배의 증폭률을 가진 2채널의 차동 입력
- 0 ~ VCC ADC 입력 전압 범위
- 선택 가능한 2.56V의 ADC 레퍼런스 전압 (Vref)
- 프리러닝 또는 단일 변환 모드
- ADC 변환 완료 인터럽트

② ADC 관련 레지스터

● ADMUX : ADC Multiplexer Selection Register

ADSC, ADEN이 1로 세트되어 AD 변환이 시작될 때마다 ADMUX의 설정값에 따라 AD 변환이 진행된다. 설정값의 변환은 차동입력을 사용하는 경우에는 AD 변환을 시작한 후 적어도 125usec가 경과한 후에 한다.

-. 비트 7 ~ 6 : REFS1 ~ 0 (REFerence Selection 1 ~ 0)

입력전압의 범위의 기준전압 Vref를 선택한다.

REFS1	REFS	선택되는 기준 전압
0	0	외부핀 AREF로 입력된 전압, 내부 Vref 신호는 OFF
0	1	AVCC로 입력된 전압, AREF핀과 접지를 외부 캐패시터로 연결
1	0	-
1	1	내부 2.56V, AREF핀과 접지를 외부 캐패시터로 연결

-. 비트 5 : ADLAR (ADC Left Adjust Result)

변환결과가 ADC 데이터 레지스터에 저장 되는 방법을 선택한다. 1로 설정하면 왼쪽 정렬, 0으로 설정하면 오른쪽 정렬이다.

-. 비트 4 ~ 0 : MUX4 ~ 0

ADC입력 단자를 선택하고 차동 입력의 경우 이득을 선택하는데 사용한다.

MUX4..0	Single Ended Input	Positive Differential Input	Negative Differential Input	Gain
00000	ADC0			
00001	ADC1			
00010	ADC2			
00011	ADC3	N/A		
00100	ADC4			
00101	ADC5			
00110	ADC6			
00111	ADC7			
01000		ADC0	ADC0	10x
01001		ADC1	ADC0	10x
01010		ADC0	ADC0	200x
01011		ADC1	ADC0	200x
01100		ADC2	ADC2	10x
01101		ADC3	ADC2	10x
01110		ADC2	ADC2	200x
01111		ADC3	ADC2	200x
10000		ADC0	ADC1	1x
10001		ADC1	ADC1	1x
10010	N/A	ADC2	ADC1	1x
10011		ADC3	ADC1	1x
10100		ADC4	ADC1	1x
10101		ADC5	ADC1	1x
10110		ADC6	ADC1	1x
10111		ADC7	ADC1	1x
11000		ADC0	ADC2	1x
11001		ADC1	ADC2	1x
11010		ADC2	ADC2	1x
11011		ADC3	ADC2	1x
11100		ADC4	ADC2	1x
11101		ADC5	ADC2	1x
11110	1.23V (V_{BG})	N/A		
11111	0V (GND)			

[그림 50] ADC 입력 채널 및 이득 선택

● ADCSRA : ADC Control & Status Register A

ADC 제어 및 상태를 나타내는 레지스터이다.

-. 비트 7 : ADEN (ADC Enable)

1로 설정하면 ADC 허용, 0으로 설정하면 ADC 중지

-. 비트 6 : ADSC (ADC Start Conversion)

1로 설정하면 ADC 변환이 시작되며, 변환이 완료되면 자동으로 클리어된다.

-. 비트 5 : ADFR (ADC Free Running select)

1로 하면 프리러닝 모드로 동작한다.

-. 비트 4 : ADIF (ADC Interrupt Flag)

ADCH, ADCL 레지스터가 갱신되면 ADIF가 1로 세트되며 인터럽트를 요청한다.

-. 비트 3 : ADIE (ADC Interrupt Enable)

1로 세트된 경우 변환 완료 인터럽트를 개별적으로 허용한다. 이 비트와 SREG레지스터의 I 비트가 세트되어 있으면 ADIF가 세트될 때마다 인터럽트가 걸린다.

-. 비트 2 ~ 0 : ADPS2 ~ 0 (ADC Prescaler Select 2 ~ 0)

시스템 클럭을 분주하여 clkADC 를 만들 때 분주비를 결정한다.

ADPS2	ADPS1	ADPS0	Division Factor
0	0	0	2
0	0	1	2
0	1	0	4
0	1	1	8
1	0	0	16
1	0	1	32
1	1	0	64
1	1	1	128

● ADCH, ADCL : ADC Data Register

ADC 결과를 단극성일 경우 $\frac{1024 \times Vin}{Vref}$ 로 0 ~ 1023 범위값으로 나타내며, 차동입력일 경우 2의 보수를 사용하여 $\frac{512 \times Gain \times (V_{+} - V_{-})}{Vref}$ 로 -512 ~ 511 범위의 값으로 저장한다. 초기값은 0x0000 이다. ADMUX 레지스터의 ADLAR 값에 따라 아래 그림과 같이 정렬하여 저장된다.

ADLAR = 0:

Bit	15	14	13	12	11	10	9	8	
	–	–	–	–	–	–	ADC9	ADC8	ADCH
	ADC7	ADC6	ADC5	ADC4	ADC3	ADC2	ADC1	ADC0	ADCL
	7	6	5	4	3	2	1	0	

ADLAR = 1:

Bit	15	14	13	12	11	10	9	8	
	ADC9	ADC8	ADC7	ADC6	ADC5	ADC4	ADC3	ADC2	ADCH
	ADC1	ADC0	–	–	–	–	–	–	ADCL
	7	6	5	4	3	2	1	0	

1.5 시리얼 통신

1.5.1 USART

ATmega128은 8비트 병렬 데이터를 직렬 형태로 바꾸어 송신하고, 수신된 직렬 데이터를 병렬 데이터로 바꾸어 CPU에 입력하는 기능을 가진 직렬 통신포트(USART : Universal Synchronous and Asynchronous Serial Receiver and Transmitter)을 2개 내장하고 있다. 직렬 통신 포트는 송신과 수신을 동시에 할 수 있는 전이중방식 (Full Duplex)이며 동기 및 비동기 전송이 가능하다. 또한 멀티 프로세서 통신 모드로 동작하는 것도 가능하며, 높은 정밀도의 보레이트 발생기를 내장하고 있다. 송신완료, 송신데이터 레지스터 준비완료, 수신 완료등 3가지의 인터럽트를 제공한다.

통신에서는 정해진 규약에 따라 데이터를 구성하여 전달하는데 이러한 규약을 프로토콜(Protocol)이라고 한다. 직렬통신의 데이터 프레임 포맷은 아래 그림과 같다. 1비트의 스타트 비트와 5,6,7,8,9비트의 데이터 비트, 패리티 비트, 스탑 비트로 프레임이 이루어져 최소 7비트에서 최대 13비트로 구성이 가능하다.

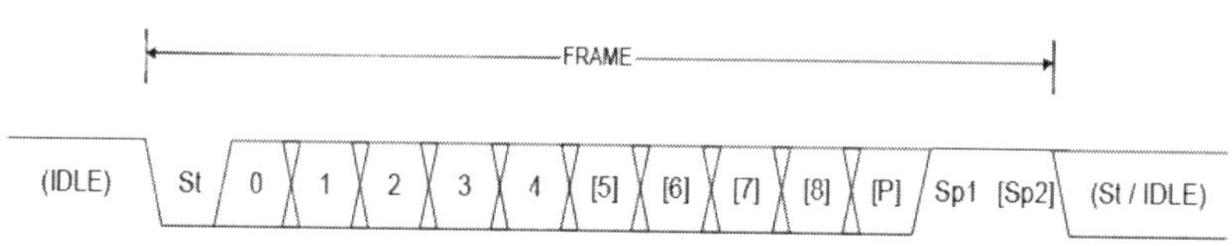

[그림 51] USART 데이터 프레임 포맷

1.5.2 ATmega128의 USART

1) 특징

-. 전이중(Full Duplex) 동작

-. 동기/비동기 동작

-. master 또는 Slave로 동기 통신

-. 고해상도 보레이트(Baud Rate) 생성기

-. 5 ~9 데이터 비트 중 선택 가능. 기본은 8비트

-. 홀수, 짝수, 패리티 비트 없음 선택 가능

-. 데이터 오버런 및 프레임 오류 검출

-. 멀티 프로세서 통신 모드 지원

2) USART 관련 레지스터

● UDRn : Usart i/o Data Register n

UDRn 레지스터는 USARTn 포트의 송수신 데이터의 버퍼의 기능을 수행하는 8비트 레지스터이다. 여기서 n은 0 또는 1이다. 송신 및 수신 버퍼는 동일한 번지에 위치하지만 내부적으로는 서로 다른 별개의 레지스터로 송신할 데이터를 UDRn에 쓰면 송신 데이터 버퍼 TXBn에 저장되고 수신된 데이터를 UDRn으로 읽으면 수신 데이터 버퍼 RXBn에 수신되어 있는 값이 읽어진다. 송신 버퍼는 UCSRnA레지스터의 UDREn비트가 세트 된 경우만 쓰기가 가능하다.

Bit	7	6	5	4	3	2	1	0	
	RXBn[7:0]								UDRn (Read)
	TXBn[7:0]								UDRn (Write)
Read/Write	R/W	R/W	R/W	R/W	R/W	R/W	R/W	R/W	
Initial Value	0	0	0	0	0	0	0	0	

● UCSRnA : Usart Control and Status Register n A

Bit	7	6	5	4	3	2	1	0	
	RXCn	TXCn	UDREn	FEn	DORn	UPEn	U2Xn	MPCMn	UCSRnA
Read/Write	R	R/W	R	R	R	R	R/W	R/W	
Initial Value	0	0	1	0	0	0	0	0	

UCSRnA 레지스터는 USART 포트의 송수신 동작을 제어하거나 상태를 저장하는 8비트 레지스터이다.

-. 비트 7 : RXCn (Receive Complete n)

UDRn의 수신 버퍼에 읽히지 않은 수신 문자가 있으면 세트되고 읽은 경우 0으로 클리어된다. 세트되는 경우 수신완료 인터럽트가 요청된다. 1을 쓰면 소프트웨어적으로 클리어한다.

-. 비트 6 : TXCn (Transmit Complete n)

UDRn의 송신 버퍼에 아직 새로운 송신 문자가 기록되지 않은 경우 세트된다. 이 경우 송신 완료 인터럽트를 요청하고 인터럽트가 서비스 시작되면 자동으로 0으로 클리어된다.

-. 비트 5 : UDREn (Usart Data Register Empty n)

UDRn의 송신 버퍼가 비어 있어서 송신 문자를 받을 준비가 되어 있으면 세트된다. 세트되는 경우 송신 데이터 레지스터 준비완료 인터럽트가 요청된다. 1을 쓰면 소프트웨어적으로 강제로 클리어한다.

-. 비트 4 : FEn (Frame Error n)

UDRn의 수신 버퍼에 저장되어 있는 문자를 수신 하는 동안에 수신 문자의 첫 번째 스톱 비트가 0으로 검출되는 프레임 에러가 발생하였음을 나타내며 세트되는 플래그비트로 이때 세트된 것은 UCSRnA 레지스터를 기록하면 클리어된다.

-. 비트 3 : DORn (Data Overrun Error n)

수신동작에서 UDRn의 수신 버퍼에 읽지 않은 수신 문자가 들어 있는 상태에서 수신 시프트 레지스터에 새로운 문자가 수신 완료되고, 다시 그 다음 수신 문자의 스타트 비트가 검출되는 오버런 에러가 발생하였음을 나타낸다. 세트되는 플래그비트로 UCSRnA 레지스터를 기록하면 클리어된다.

-. 비트 2 : UPEn (Usart Parity Error n)

UDRn의 수신 버퍼에 저장된 문자에 패리티 에러가 발생하였음을 나타내는 플래그비트로 UCSRnC 레지스터의 UPMn1이 세트되어 패리티 비트를 사용하도록 설정된 경우에만 세트될 수 있다. UCSRnA 레지스터를 기록하면 클리어된다.

-. 비트 1 : U2Xn (Usart 2 transmission speed)

비동기 모드에서만 유효한 것으로 1로 세트하면 클럭의 분주비를 16에서 8로

낮추어 전송 속도를 2배 증가시킬 수 있다.

-. 비트 0 : MPCMn (Multi-Processor Communication Mode n)

1로 세트하면 멀티 프로세서 통신모드로 설정한다.

● UCSRnB : Usart Control and Status Register n B

Bit	7	6	5	4	3	2	1	0	
	RXCIEn	TXCIEn	UDRIEn	RXENn	TXENn	UCSZn2	RXB8n	TXB8n	UCSRnB
Read/Write	R/W	R/W	R/W	R/W	R/W	R/W	R	R/W	
Initial Value	0	0	0	0	0	0	0	0	

-. 비트 7 : RXCIEn (RX Complete Interrupt Enable n)

수신 완료 인터럽트를 개별 허용 비트

-. 비트 6 : TXCIEn (TX Complete Interrupt Enable n)

송신 완료 인터럽트를 개별 허용 비트

-. 비트 5 : UDRIE (UDR empty Interrupt Enable n)

송신 데이터 레지스터 준비완료 인터럽트 개별 허용 비트

-. 비트 4 : RXENn (RX Enable n)

1로 세트하면 RxD0, 1(PE0, PD2)가 USART용 수신단자로 동작하는 것을 허용하고 에러 플래그비트 DORn, UPEn, U2Xn의 동작을 허용한다.

-. 비트 3 : TXENn (TX Enable n)

1로 세트하면 TxD0, 1(PE1, PD3)가 USART용 송신단자로 동작하는 것을 허용한다. 클리어 하더라도 송신이 완료될 때 까지는 송신 단자로 동작한다.

-. 비트 2 : UCSZn2 (Usart Character SiZe n2)

UCSRnC 레지스터의 비트 2~1(UCSZn1 ~ 0)와 함께 전송 문자의 데이터 비트수를 설정하는데 사용한다.

-. 비트 1 : RXB8n (RX data Bit 8 n)

전송 문자가 9비트로 설정된 경우 수신된 문자의 9번째 비트를 저장한다. 반드시 UDRn 레지스터보다 먼저 읽혀져야 한다.

-. 비트 0 : TXB8n (TX data Bit 8 n)

전송 문자가 9비트로 설정된 경우 송신할 문자의 9번째 비트를 저장한다. 반드시 UDRn 레지스터보다 먼저 기록되어야 한다.

● UCSRnC : Usart Control and Status Register n C

Bit	7	6	5	4	3	2	1	0	
	–	UMSELn	UPMn1	UPMn0	USBSn	UCSZn1	UCSZn0	UCPOLn	UCSRnC
Read/Write	R/W	R/W	R/W	R/W	R/W	R/W	R/W	R/W	
Initial Value	0	0	0	0	0	1	1	0	

-. 비트 6 : UMSELn (Usart Mode SELect n)

1이면 USARTn 포트를 동기 모드로 0이면 비동기 모드로 설정

-. 비트 5 ~ 4 : UPMn1 ~ 0 (Usart Parity Mode 1 ~ 0)

패리티 모드를 설정한다.

UPMn1	UPMn0	패리티 모드
0	0	없음(초기설정)
0	1	-
1	0	짝수 패리티
1	1	홀수 패리티

-. 비트 3 : USBSn (Usart Stop Select n)

1로 세트하면 스톱비트를 2개로 설정하고 0이면 스톱 비트를 1개로 설정한다.

-. 비트 2 ~ 1 : UCSZn1 ~ 0 (Usart Character SiZe n1 ~ 0)

UCSRnB 레지스터의 비트2(UCSZn2)와 함께 전송 분자의 비트수를 설정한다.

UCSRnB	UCSRnC		프레임 데이터 비트 수
UCSZn2	UCSZn1	UCSZn0	
0	0	0	5 비트
0	0	1	6 비트
0	1	0	7 비트
0	1	1	8 비트 (초기설정)
1	0	0	-
1	0	1	-
1	1	0	-
1	1	1	9 비트

-. 비트 0 : UCPOLn (Usart Clock POLarity n)

동기 전송모드의 슬레이브 동작에서만 유효한 것으로 1로 설정하면 송신 데이터는 XCKn 클럭의 하강에지에서 새로운 값이 출력되고 수신 문자는 XCKn의 상승에지에서 얻어진다. 클리어된 경우는 반대로 된다.

- UBRRnH, UBRRnL : UsartBaud Rate Register n

-. UBRRn(UsartBaud Rate Register n)은 16비트 레지스터로 그중 하위 12 비트가 유효한 것으로 송수신 속도를 다음의 공식에 따라 설정한다.

통신 모드	U2X	보레이트 계산식	UBRR값 결정식
비동기 통신 모드	0:1 배속 클럭	$BAUD=\frac{fosc}{16(UBRR+1)}$	$UBRR=\frac{fosc}{16BAUD}-1$
	1:2 배속 클럭	$BAUD=\frac{fosc}{8(UBRR+1)}$	$UBRR=\frac{fosc}{8BAUD}-1$
동기 통신 모드 (마스터인 경우)	-	$BAUD=\frac{fosc}{2(UBRR+1)}$	$UBRR=\frac{fosc}{2BAUD}-1$

-. 목표 보레이트와 설정된 UBRR에 의한 보레이트와의 에러

$$\text{에러}(\%)=\frac{\text{보레이트}_{UBRR\text{로 계산}}-\text{보레이트}_{\text{목표}}}{\text{보레이트}_{\text{목표}}}$$

-. 주로 많이 사용되는 보레이트 설정을 위한 UBRR값

보레이트 (bps)	fosc = 8.000[MHz]				fosc = 16.000[MHz]			
	U2X = 0		U2X = 1		U2X = 0		U2X = 1	
	UBRR	에러	UBRR	에러	UBRR	에러	UBRR	에러
2400	207	0.2%	416	-0.1%	416	-0.1%	832	0.0%
4800	103	0.2%	207	0.2%	207	0.2%	416	-0.1%
9600	51	0.2%	103	0.2%	103	0.2%	207	0.2%
14400	34	-0.8%	68	0.6%	68	0.6%	103	-0.1%
19200	25	0.2%	51	0.2%	51	0.2%	68	0.2%
28800	16	2.1%	34	-0.8%	34	-0.8%	51	0.6%
38400	12	0.2%	25	0.2%	25	0.2%	34	0.2%
57600	8	-3.5%	16	2.1%	16	2.1%	25	-0.8%
76800	6	-7.0%	12	0.2%	12	0.2%	16	0.2%
115200	3	8.5%	8	-3.5%	8	-3.5%	12	2.1%
230400	1	8.5%	3	8.5%	3	8.5%	8	-3.5%
250000	1	0.0%	3	0.0%	3	0.0%	3	0.0%
5000000	0	0.0%	1	0.0%	1	0.0%	3	0.0%
1000000	-	-	0	0.0%	0	0.0%	1	0.0%

2 포트 입·출력 실습

2.1 포트 입·출력 실습

학습 목표

◈ 디지털 I/O 포트 및 레지스터, LED를 이용하여 포트 출력 방법을 학습한다.

◈ 디지털 I/O 포트 및 레지스터, 스위치를 이용하여 포트 입력 방법을 학습한다.

2.1.1 실습 준비물

① Core-MMR 본체

② MK-II ISP

③ 통합개발환경(IDE)인 AVR Studio가 설치된 PC

2.1.2 포트 입·출력 실습

1) LED를 이용한 디지털 출력 실습

Core-MMR 본체에는 동작 확인용 고휘도 LED가 구성되어 있다. 구성되어 있는 회로는 점등하고자 하는 LED의 핀에 논리 '1'을, 소등 하고자 하는 LED의 핀에는 논리 '0'을 출력하면 동작한다.

포트에 논리값 1을 출력하면 4.0[V]이상의 High 디지털 전압레벨이 출력되고, 논리값 0을 출력하면 0.7[V]를 넘지 않는 Low 디지털 전압 레벨이 출력된다.

① LED 기본 지식

LED(Light Emitting Diode)는 가장 기본적인 출력 장치로써 전기적인 신호를 빛 에너지로 변환하는 소자이다. 주요 특징은 응답 속도가 빠르고, 발광 효율이 높으며, 저 전류에서 고출력을 얻을 수 있으며, 작은 광원이기 때문에 소형화, 박형화, 경량화가 가능하다.

LED에서 나오는 색상은 반도체 칩 구성원소의 배합에 따라 달라지는데, 이는 각기 다른 파장을 만들어 이런 파장이 LED에서 나오는 빛의 색깔을 결정짓게 된다.

주로 가전제품, 전광판, 리모컨, 전자 표시판, 각종 자동화 기기, 교통신호 표시기 등에 널리 사용되고 있다.

LED를 사용할 시에는 LED에 직렬 저항을 달아서 사용하는데 이는 LED에 흐르는 전류의 양을 제어할 수 있으며, LED에 과전류가 흘러 LED를 파괴하는 것을 방지하는 역할을 한다.

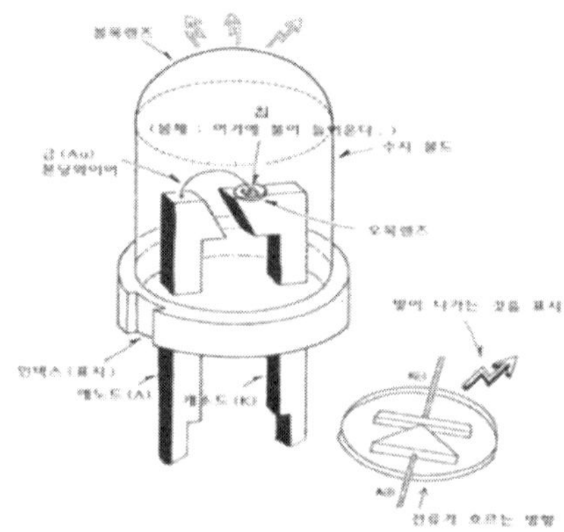

[그림 52] LED 외형 및 구조

② LED 구동 회로

Core-MMR의 동작 확인용 LED는 2개가 있다. 이는 ATmega128의 PORTA.6, PORTA.7에 연결되어 있으며 회로 및 위치는 아래 그림과 같다.

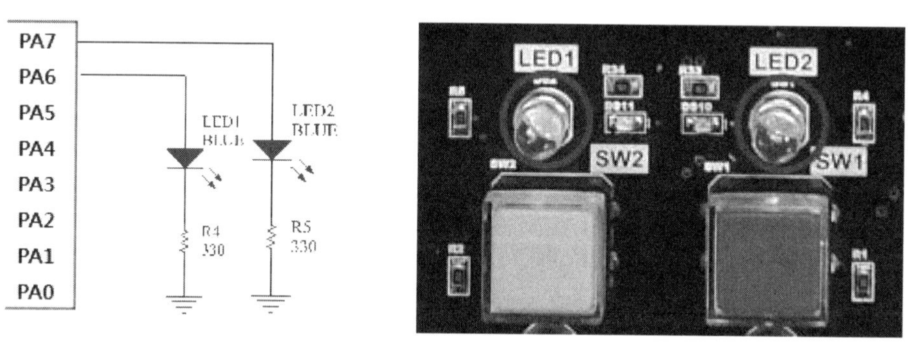

[그림 53] LED 구동 회로 및 위치

③ LED1 점멸 실습

- 로봇에 부착되어 있는 LED1을 깜빡이게 하는 실습을 해보도록 하자.
- 먼저 위 그림x led 구동 회로를 보면 LED가 PORTA의 6번째와 7번째 비트에 연결되어 있다. LED1은 PORTA의 6비트에 연결되어 있으며, 여기에 출력을 하려면 먼저 포트A를 출력포트로 설정 하고, 출력 패턴에 해당하는 데이터를 출력 포트에 출력 하면 된다. 포트A를 출력 포트로 설정하기 위해서는 먼저 DDRA 레지스터에서 PA6의 비트값을 '1'로 만들어 PA6핀을 출력 방향으로 설정한다. 이후 출력 레지스터 PORTA의 6비트에 논리값'1'출력 패턴과 동일 하에 출력하여 LED1이 깜빡이는지 확인한다.

LED1 깜빡이 프로그램을 아래와 같이 작성할 수 있다.

프로그램

```
#include<avr/io.h>
#include<util/delay.h>  // 시간지연 함수 사용을 위한 헤더 선언
int main(void)
{
   DDRA = 0x40;          // PORTA의 6번째 비트를 출력으로 설정
   while(1)
   {
      PORTA = 0x40;  // PORTA의 6번째 비트에 '1' 출력을 내보내 LED1 점등
      _delay_ms(500);  // 시간 지연
      PORTA = 0x00;  // PORTA의 6번째 비트에 '0' 출력을 내보내 LED1 소등
      _delay_ms(500);  // 시간 지연
   }
}
```

TIP C 언어 while 문(반복문)

◈ while 문법 형태

```
while(조건문)
{
    명령문1;
    명령문2;
}
```

◈ while 문은 조건문이 참이면 명령문을 수행하고 아니면 while 문을 빠져나가게 된다. 명령문을 수행 한 후에는 다시 while 처음으로 올라가 조건을 확인하고 참이면 명령문을 수행하는 반복적 루프를 수행 하는 반복문이다. 따라서 while 문을 빠져 나가지 못하게 조건문에 항상 참(예 : while(1))을 준다면 무한루프를 구성하여 명령문을 계속 반복하게 된다.

④ 과제

- LED1과 LED2가 동시에 깜빡이는 프로그램을 작성하시오.

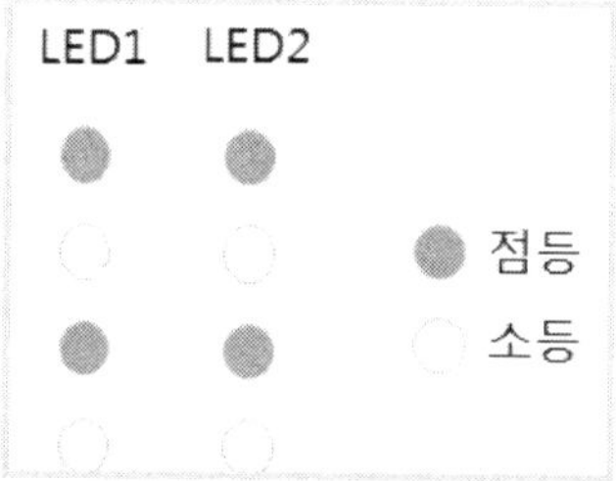

[그림 54] 점멸 패턴

- LED1과 LED2를 순차적으로 깜빡이는 프로그램을 작성하시오.

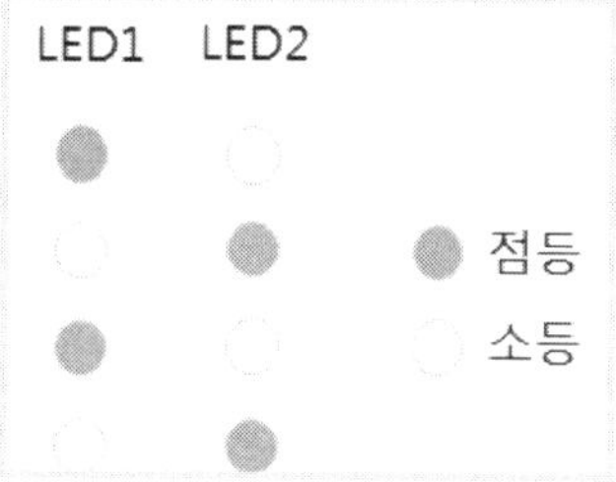

[그림 55] 점멸 패턴

2) 스위치를 이용한 디지털 입력 실습

ATmega128에서 주로 사용되는 입력 장치는 스위치가 있다. 이는 마이크로 프로세서나, 임베디드 시스템에서 간단하게 사용자가 입력 장치로 많이 활용되고 있다.

① 스위치 기본 지식

스위치는 기본적으로 접점의 개폐에 의해 전류의 흐름을 막거나 계속 흐르게 하는 용도로 사용되는 전기적인 개폐 소자이다.

스위치의 종류는 Tact Switch, Slide Switch, Dip Switch, Push Switch, Toggle Switch, Multiway Switch등이 있다.

● Tact Switch

[그림 56]과 같은 스위치를 Tact 스위치라 부르며, 1회로 1접점으로 누르면 ON, 눌려지지 않으면 OFF방식의 회로 구성 방식이다. 주로 소형 가전, 전자 제품등에 많이 사용하며, 크기가 작고 가격이 저렴한 장점이 있다. 다만 다접점 방식 사용이 불가능 하다.

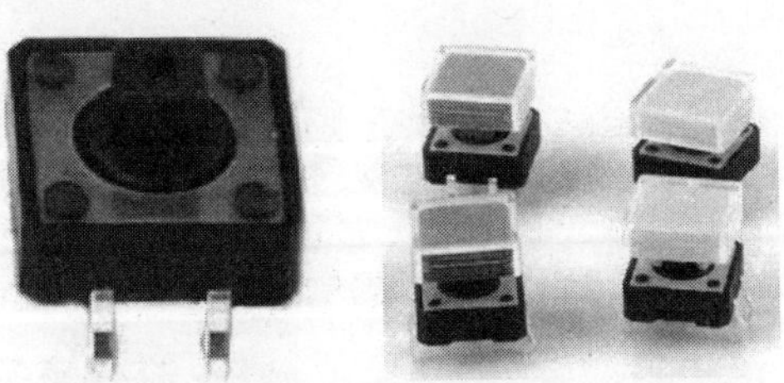

[그림 56] Tact 스위치

● Slide Switch

[그림 57]과 같은 스위치를 Slide 스위치라 부르며, 접점부가 슬라이딩 되면서 다른 곳으로 이동이 가능한 방식이다. 토글 스위치와 비슷하지만 밀어 움직이는 방식의 버튼이다.

[그림 57] 슬라이드 스위치

● Dip Switch

슬라이드 스위치가 여러 개 연결 된 것과 유사하다. 주로 하드웨어의 변경없이 사용자가 비트 배열이나 여러 값들을 하나의 스위치로 제어하고자 할 때, 여러 기능들을 임의로 선택할 때 사용하는 스위치이다. 스위치 1개당 1접점을 가진다.

[그림 58] Dip 스위치

● Push Switch

버튼이 눌러질 때 마다 ON/OFF 상태가 변경되는 스위치이다. 즉 한번 눌러지면 ON, 스위치를 다시 한번 누르면 OFF가 된다. 스위치가 다시 한번 눌러지기 전까지 상태를 계속 유지하는 특징이 있다. PC 전원, 자동차등 누름 방식으로 상용되며 Locking 타입과 nonLocking 타입 두 가지가 있다.

[그림 59] PUSH 스위치

● Toggle Switch

[그림 60]의 레버를 조작하여 개폐 조작을 하는 것으로 2핀부터 12핀까지 다양하게 있다. 주로 전기, 전자 장비의 조종반, 비행기, 군용장비, 산업용 제어 패널 등에서 장비를 조작하는 제어 장치에 많이 쓰인다.

[그림 60] 토글 스위치

② 스위치 회로

Core-MMR에는 입력을 받기 위한 스위치가 2개가 있다. 이는 ATmega128의 PORTD.4, PORTD.5에 연결되어 있으며 회로 및 위치는 아래 그림과 같다.

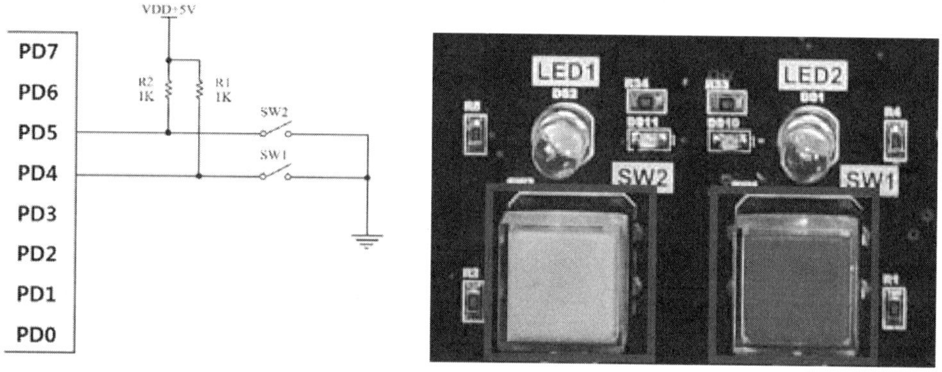

[그림 61] 스위치 입력 회로 및 위치

③ 스위치 입력 실습

- 로봇에 부착되어 있는 Tact 스위치를 이용하여 사용자의 스위치 조작에 따라 특정 명령을 수행할 수 있도록 스위치 입력 실습을 해보도록 하자.
- 먼저 위 [그림 61] 스위치 입력 회로를 보면 스위치가 PORTD의 4번째와 5번째 비트에 연결되어 있다. 실습은 스위치 2번을 누르면 LED1이 점등되고 손을 때면 LED1이 소등되는 실습을 진행하도록 한다. 먼저 스위치2은 PORTD의 5비트에 연결되어 있으며, 여기에 입력을 받으려면 먼저 PORTD를 입력포트로 설정하고, 입력에 해당하는 데이터를 해당 레지스터(PIND)에서 읽어 오면 된다. 이후 입력된 값을 확인 후 LED1으로 출력을 내보내면 된다. 포트D를 입력 포트로 설정하기 위해서는 먼저 DDRD 레지스터에서 PD5의 비트값을 '0'로 만들어 PA5핀을 입력 방향으로 설정한다. 이후 입력 레지스터 PIND의 데이터 값을 읽어 온다. 이후 스위치가 눌러져 있으면 논리값이 '0'이며 눌러져 있지 않으면 논리값 '1'이 읽어질 것이다. 이를 LED1으로 출력하여 LED1이 점등되고 소등되는지 확인한다.

프로그램

```
#include<avr/io.h>
#include<util/delay.h>          // 시간지연 함수 사용을 위한 헤더 선언
int main(void)
{
        unsigned char key;
        DDRA = 0x40;                    // PORTA의 6번째 비트를 출력으로 설정
        DDRD = 0x00;                    // PORTD의 5번째 비트를 입력으로 설정
        while(1)
        {
           key = PIND & 0x20;   // PORTD의 5번째 비트를 읽어 해당 비트의 값을 확인
           if(key == 0x20)              // 만약에 5번째 비트가 High 이면 스위치 눌려지지 않음
             PORTA = 0x00;              // PORTA의 6번째 비트에 출력을 내보내 LED 1 소등
           else                         // 만약에 5번째 비트가 Low 이면 스위치가 눌려짐
             PORTA = 0x40;              // PORTA의 6번째 비트에 출력을 내보내 LED 1 점등
        }
}
```

TIP C 언어 if 문(조건문)

◆ if 문 형태

◈ if-else 문

```
if(조건)
 {
    명령문 1;
 }
 else
 {
    명령문 2;
 }
```

◈ 다중 if 문

```
if(조건 1)
{
   명령문 1;
}
else if (조건 2)
{
   명령문 2;
}
else
{
   명령문 3
}
```

◈ if 문은 조건이 참이면 명령문1을 수행하고, 아니면 else의 명령문 2를 수행한다. if문의 조건이 아닌 경우 실행되는 else문 다음에는 절대로 조건을 쓸 수 없다.

경우에 따라 여러 개의 조건 중 한 개를 선택해야하는 다중 선택의 경우 switch ~ case 문도 있지만 다중 if 문을 사용하여 구현할 수 있다. 다중 if 문은 위에 있는 조건부터 차례대로 비교하면서 내려오게 되며, 조건이 참이 되는 구문에서 명령을 수행하고 나머지 조건은 비교하지 않고 다중 if 문을 빠져 나온다.

④ 과제

- 스위치 2번을 누르면 LED1과 LED2가 차례로 점멸하는 동작을 계속 수행하고, 스위치 1번을 누르면 두 개의 LED는 소등되는 프로그램을 작성하시오.

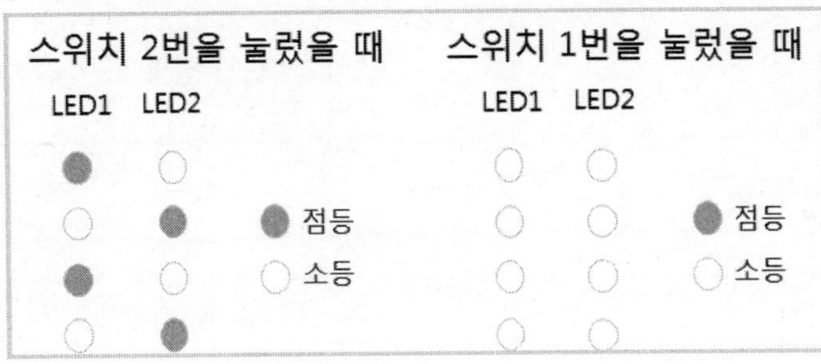

2.1.3 과제 실습 보고서

실습 제목		날 짜	년　　월　　일
학과 및 학년		실습조	
실습자 학번		실습자 성명	

● 과제 실습 결과

과제명	결 과

● 고찰

고 찰

3 Text LCD 이론 및 실습

3.1 Text LCD 이론

3.1.1 Text LCD 기본 이론

일반적으로 전자 기기에서 여러 가지 상태를 표시하기 위한 방법으로 7세그먼트, LED, LCD(Liquid Crystal Display)장치를 많이 사용하고 있다. 그중에 LCD는 7세그먼트에 비해 거의 모든 ASCII 문자들을 표현할 수 있어 오늘날 간단한 문자 표시용 출력 장치로 많이 사용되어지고 있다. LCD는 크게 문자형(Text)와 그래픽형 두 가지로 구분된다. 문자형은 드라이버 내에 글꼴을 가지고 있어 영문자나 숫자를 표시하며, 그래픽형은 문자형에 폰트가 없는 한글 또는 그래픽을 표시할 수 있다. 즉 영문자와 숫자 표시에는 문자형이 적당하나 한글이나 그래픽 표시를 자유롭게 하려면 그래픽형을 사용해야 된다는 것이다.

우리가 실습에서 사용할 것은 문자형 LCD모듈로서, LCD 패널과 컨트롤러 및 드라이버 IC를 일체형으로 만든 것을 사용할 것이다. 여러 종류의 문자형 LCD가 있지만, 실습 로봇에는 2열 16글자의 문자를 디스플레이 할 수 있는 '16x2 문자형 LCD'가 장착 되어 있다.

3.1.2 Text LCD 제어

1) LCD 모듈의 규격

사용된 LCD 모듈의 드라이버는 삼성의 S6A0069 및 호환 가능한 것으로 드라이버의 자세한 사항은 Datasheet를 참고하도록 한다.

5x7 도트 또는 5x10 도트의 내장 폰트가 있으며 8비트 또는 4비트 데이터 버스 방식을 사용한다. 또한 최대 80문자까지 표시할 문자를 저장하는 80바이트의 DDRAM(Display Data RAM)과 문자코드를 실제로 표시할 문자 폰트로 변환하는 CGROM(Character Generator Rom), 자신이 원하는 폰트를 만들어서 저장하는 CGRAM(Character Generator RAM)이 내장 되어 있다. LCD 모듈을 초기화하거나 제어하는데 필요한 명령을 저장하는 명령 레지스터 및 이를 해독하는 명령 해

독기가 있으며 각 문자의 폰트를 시프트 레지스터에 의해 수평 구동 신호와 수직 구동신호로 변화하는 회로를 내장하고 있다.

LCD 모듈의 핀 인터페이스는 아래와 같다.

핀번호	명칭	레벨	기 능
1	V_{DD}	+5V	전원
2	V_{SS}	0V	GND
3	V_O	-	LCD 밝기 조정
4	RS	H/L	레지스터 선택
5	R/W	H/L	읽기/쓰기
6	E	H, H→L	읽기/쓰기 가능 신호
7~ 14	DB0 ~ DB7	H/L	데이터 입출력
15	LEDA	+5V	백라이트 애노드
16	LEDK	0V	백라이스 캐소드

2) 내부 구조

LCD 모듈의 컨트롤러는 내부에 명령(Instruction)과 데이터(Data)를 위한 2개의 레지스터, BF(Busy Flag), AC(Address Counter), 문자 발생롬(CGROM), 문자 발생램(CGRAM), 데이터 표시램(DDRAM)이 있다.

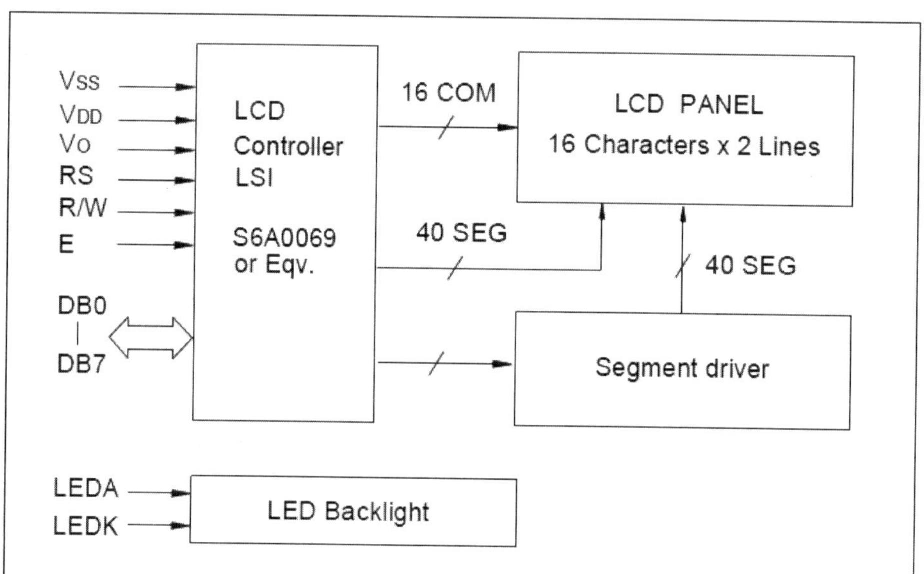

[그림 62] LCD 모듈 내부 구조

① 레지스터

명령레지스터와 데이터 레지스터는 "RS핀(4번)"으로 구별하고 '0'일 때는 명령 레지스터, '1'일 때는 데이터 레지스터가 선택된다.

- 명령 레지스터 (Instruction Register : IR)

DDRAM과 CGRAM에 대한 어드레스 설정, 화면 지움, 커서 시프트등 제어 명령을 가지고 있다. 이는 쓰기만 가능하다.

- 데이터 레지스터 (Data Register : DR)

DDRAM과 CGRAM에 쓴 데이터나 읽은 데이터를 일시적으로 저장하는 레지스터이다.

② 제어신호

LCD모듈의 제어 신호 핀에 입력되는 동작 명령에 따른 디스플레이 동작은 아래와 같다.

동작 명령	RS	R/W	DB7 ~ DB0							
			DB7	DB6	DB5	DB4	DB3	DB2	DB1	DB0
화면 클리어	0	0	0	0	0	0	0	0	0	1
커서 초기 위치	0	0	0	0	0	0	0	0	1	-
문자 입력 모드	0	0	0	0	0	0	0	1	I/D	SH
디스플레이 On/Off 제어	0	0	0	0	0	0	1	D	C	B
커서 디스플레이 천이	0	0	0	0	0	1	S/C	R/L	-	-
인터페이스/디스플레이설정	0	0	0	0	1	DL	N	F	-	-
CGRAM 주소 설정	0	0	0	1	CGRAM 주소 (AC5~AC0)					
DDRAM 주소 설정	0	0	1	DDRAM 주소 (AC6 ~ AC0)						
BF 와 AC 읽기	0	1	BF	주소 카운터(AC6 ~ AC0)						
RAM 데이터 읽기	1	0	데이터 (DB7 ~ DB0)							
RAM 데이터 쓰기	1	1	데이터 (DB7 ~ DB0)							

[표 7] 동작 명령 테이블

동작 명령	비트	동작
화면 클리어	-	스페이스에 해당되는 ASCII 문자 0x20 인가 거서 위치를 제1행 1열에 움직임
커서 초기 위치	-	커서 위치를 제1행 1열로 움직임
문자 입력 모드	(I/D, SH)	(1,0) 커서를 오른쪽으로 이동하면서 문자 입력 (0,0) 커서를 왼쪽으로 이동하면서 문자 입력 (-,1) 커서 이동 없이 같은 자리에서 문자 입력
디스플레이 On/Off 제어	D	1 : 디스플레이 ON　　0 : 디스플레이 OFF
	C	1 : 커서 ON　　0 : 커서 OFF
	B	1 : 커서 깜박임 ON　　0 : 커서 깜박임 OFF
커서디스플레이 천이	(S/C, R/L)	(1,0) 화면 전체 커서와 함께 왼쪽으로 스크롤 (1,1) 화면 전체 커서와 함께 오른쪽으로 스크롤 (0,0) 커서만 좌로 이동 (0,1) 커서만 우로 이동
인터페이스/ 디스플레이 설정	DL	1 : 8비트 인터페이스　　0 : 4비트 인터페이스
	N	1 : 두 줄 표시　　0 : 한 줄 표시
	F	1 : 문자 5x10 도트　　0 : 문자 5x7 도트
CGRAM 주소 설정	AC5 ~ AC0	CGRAM 주소 카운터(AC) AC5 ~ AC0값 설정
DDRAM 주소 설정	AC6 ~ AC0	DDRAM 커서 위치 설정 AC6 ~ AC0값 설정 0x00 ~ 0x0F : 제1행의 0열부터 15열까지 지정 0x40 ~ 0x4F : 제2행의 0열부터 15열까지 지정
BF 와 AC 일기	BF, AC6 ~ AC0	내부 동작 여부에 따른 Busy Flag와 주소 카운터값을 읽음 BF : 1 내부 동작 진행 중 BF : 0 내부 동작 완료, 다음 동작 명령 수행 가능

[표 8] 동작 명령 비트 설정값

③ BF (Busy Flag)

LCD가 다음 명령을 받을 수 있는지 상태를 나타낸다. 1이면 LCD 컨트롤러가 동작중으로 명령 수행이 불가능이며, 0이면 다음 명령 수행이 가능하다.

④ AC (Address Counter)

DDRAM과 CGRAM이 주소를 지정할 때 사용하는 것으로 IR에 주소 정보를 쓰면 주소 정보가 AC로 전송되고 DDRAM 이나 DDROM에 데이터를 쓰면 AC는 자동으로 +1 혹은 -1이 된다.

⑤ DDRAM (Data Display RAM)

80x8비트 용량으로 80개의 8비트 아스키 코드를 저장할 수 있다. 0x00 ~ 0x0f 주소가 LCD 1행의 1-16번째, 0x40 ~ 0x4F 주소가 LCD 2행의 1-16번째 문자로 표시된다.

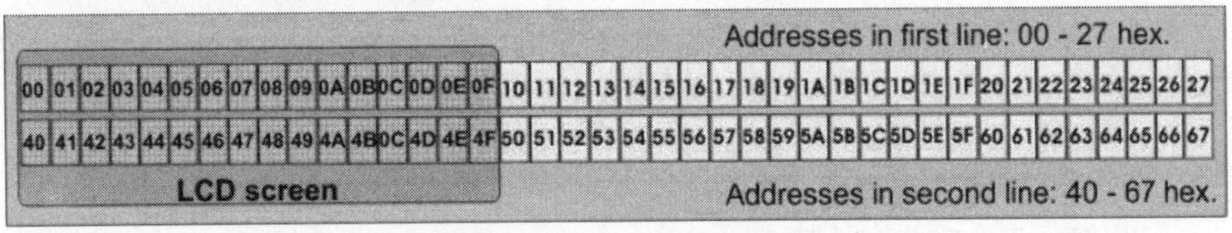

[그림 63] DDRAM Memory

⑥ CGRAM (Character Generator RAM)

사용자가 자유로이 문자를 만들 때 사용하는 램으로 5x7은 8개, 5x10은 4개를 만들어 저장이 가능하다.

⑦ CGROM (Character Generator ROM)

5x7, 5x10 도트의 문자를 내장하고 있다. 특수기호, 숫자, 영문자의 문자코드는 아스키 코드와 일치한다.

3.2 Text LCD 실습

학습 목표

◈ Text LCD의 초기화 및 문자 디스플레이 방법을 학습한다.

◈ Text LCD의 특정 위치에 문자를 디스플레이 하는 방법을 학습한다.

3.2.1 실습 준비물

① Core-MMR 본체

② MK-II ISP

③ 통합개발환경(IDE)인 AVR Studio가 설치된 PC

3.2.2 Text LCD 출력 실습

1) Text LCD를 이용한 문자 디스플레이 실습

① Text LCD 회로

Core-MMR에는 16x2 Text LCD가 있다. LCD와 ATmega128의 인터페이스는 아래 표 및 회로도에서 확인할 수 있다. LCD의 밝기 조정을 위하여 그림x 에 보면 가변저항(회로 : VR1, [그림 64] 우측 : ①)이 연결 되어 있으며, 가변저항의 값을 조절하여 LCD 글자의 밝기를 조정할 수 있다.

LCD 핀번호	명칭	ATmega128 핀
1	V_{DD}	-
2	V_{SS}	-
3	V_O	-
4	RS	PORTG.2
5	R/W	PORTG.1
6	E	PORTG.0
7~ 14	DB0 ~ DB7	PORTC.0 ~ PORTC.7
15	LEDA	-
16	LEDK	-

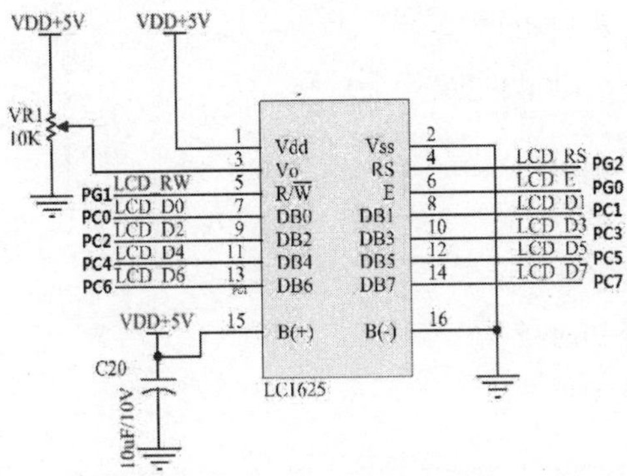

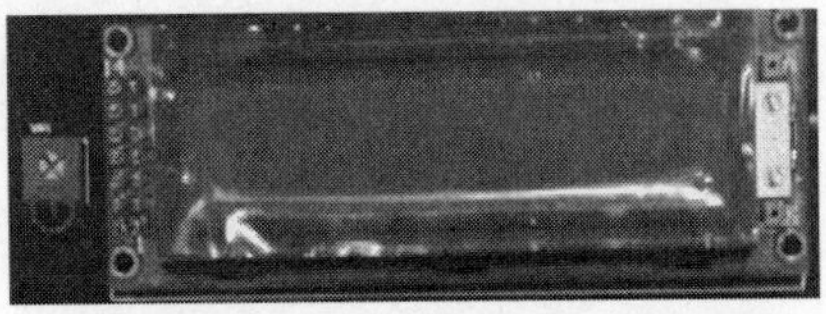

[그림 64] Text LCD 회로 및 위치

② 실습

- Text LCD를 초기화하고 LCD의 첫 번째 줄에 "Hello"라는 글자를 출력해 보도록 한다.

- 소스

프로그램 Main 구문

```
#include <stdio.h>
#include <avr/io.h>
#include <util/delay.h>

// 함수 원형 선언
void LCD_DW(unsigned char DataByte);
void LCD_CW(unsigned char CmdByte);
void LCD_Move(int line, int column);
void LCD_Puts(char *string);
void LCD_init();

// LCD 관련 매크로
#define LCD_OutDDR        DDRG        // 포트 방향 설정
```

```
#define LCD_OutPort        PORTG     // 제어신호 출력
#define LCD_OutData        PORTC     // 데이터 출력

#define SIG_RS_VAL         0x04      // RS
#define SIG_RW_VAL         0x02      // RW
#define SIG_E_VAL          0x01      // Enable

int main(void)
{
        DDRC = 0xff;                 // PC0 ~ PC7 LCD DATA 신호 출력
        DDRG = 0x07;                 // PG0, PB1, PG2 LCD 신호 출력
        LCD_init();                  // lcd 초기화
        LCD_Puts("Hello");           // "Hello" 글자를 LCD에 디스플레이
        LCD_Move(2,1);               // 두 번째 줄로 커서 자리 이동
}
```

프로그램 LCD 관련 함수

```
// LCD Data Write ---------------------------//
void LCD_DW(unsigned char DataByte)
{
        LCD_OutDDR = LCD_OutDDR  | (SIG_RS_VAL + SIG_RW_VAL + SIG_E_VAL);
        LCD_OutPort = 0;            // Make RS High, other all Low
        _delay_us(50);
        LCD_OutPort = SIG_RS_VAL;       // Make RS High, other all Low
        _delay_us(50);
        LCD_OutData = DataByte;
        _delay_us(50);
        LCD_OutPort = SIG_RS_VAL + SIG_E_VAL;
        _delay_us(50);
```

```
        LCD_OutPort = SIG_RS_VAL;
        _delay_us(50);
        LCD_OutPort = 0;
}
// LCD Command Write -----------------------//
void LCD_CW(unsigned char CmdByte)
{
        LCD_OutDDR = LCD_OutDDR  | (SIG_RS_VAL+SIG_RW_VAL+SIG_E_VAL);
        LCD_OutPort = 0x00;             // Make all Low
        _delay_us(50);
        LCD_OutData = CmdByte;
        _delay_us(50);
        LCD_OutPort = SIG_E_VAL;
        _delay_us(50);
        LCD_OutPort = 0x00;
        _delay_us(50);
}
// LCD initialization ----------------------------------------------//
void LCD_init()
{
        DDRC = 0xff;
        _delay_ms(50);
        LCD_CW(0x3C);      // Function Set=> (0:0:1:DL:N:F:*:*) 8bit data lines, 2-line 5x8 dot character
        _delay_ms(50);
        LCD_CW(0x0F);      // Display On, Cursor On, Blink On
        _delay_ms(50);
        LCD_CW(0x01);      // Display Clear
        _delay_ms(50);
        LCD_CW(0x06);      // Entry Mode Set=> (0:0:0:0:0:1:I/D:S) cursor direction, shift display
        _delay_ms(50);
}
```

```
// LCD Line Move ----------------------------//
void LCD_Move(int line, int column)
{
        if(line ==1)
        {
            LCD_CW( (unsigned char)(0x80 + 0x00 + (column-1)) );
            return;
        }
        if(line ==2)
        {
            LCD_CW( (unsigned char)(0x80 + 0x40 + (column-1)) );
            return;
        }
}
// LCD Data Put string ------------------------//
void LCD_Puts(char *string)
{
    int i;
    for(i=0; ; i++)
    {
        if(string[i] == 0 ) break;
        LCD_DW((unsigned char)string[i]);
    }
}
```

● 함수 설명

㉠ LCD Data Write

-. LCD 관련 포트를 모두 출력으로 설정한다.

-. LCD_RW, LCD_RS, LCD_E 신호를 모두 low로 한다.

-. LCD_RS를 High로 한다.

-. Data Line(DB0 ~ DB7)에 Data를 쓴다.

-. LCD_E 신호를 High로 바꾸었다가 다시 low로 바꾼다.

ⓛ LCD Command Write

-. LCD 관련 포트를 모두 출력으로 설정한다.

-. LCD_RW, LCD_RS, LCD_E 신호를 모두 low로 한다.

-. LCD Data (DB0 ~ DB7)에 명령을 셋트한다.

-. LCD_E 라인을 High로 바꾸었다가 다시 Low로 바꾼다.

ⓒ LCD initialization

-. LCD를 초기화 하기 위해서 Function set(인터페이스/디스플레이 설정)을 한다.

-. LCD_CW(0x3C) : 8비트 모드, 2줄 표시 , 5x7 font를 선택

-. LCD_CW(0x0F) : 디스플레이 On, 커서 On, 커서 깜빡임 On

-. LCD_CW(0x01) : LCD 디스플레이 클리어

-. LCD_CW(0x06) : 문자 입력 모드, 커서를 오른쪽으로 이동하면서 문자입력

ⓔ LCD Line Move

한 문자가 lcd에 전송되고 나면 커서는 다음 주소로 한 칸 옮겨 간다. 이러한 방식으로 문자를 출력하면 16문자는 까지 출력이 가능하다. 그러나 다음 줄은 출력이 되지 않는다. 두 번째 줄에 문자를 출력 하기 위해서는 커서를 두 번째 줄 첫 번째 열로 커서를 옮겨야 한다. 커서의 위치를 변경을 위해서는 DDRAM의 주소를 변경하고 이후에 데이터를 lcd에 표시하면 된다.

커서의 위치를 변경하기 위해서는 아래와 같은 명령어를 사용하여야 한다.

주소 : 0x80 + DDRAM의 주소 (표25. 동작 명령 테이블 참고)

-. LCD_CW((unsigned char)(0x80 + 0x00 + (column-1)))

-. LCD_CW((unsigned char)(0x80 + 0x40 + (column-1)))

ⓓ LCD Data Put string

LCD에 문자열을 출력할 수 있도록 만든 함수이다. LCD_Puts("Hello")와 같이 사용할 수 있다.

③ 과제

- 첫 번째에는 자신의 학반 및 학번을, 두 번째 줄에는 자신의 이름을 출력하는 프로그램을 작성하시오.(예 : 20105029, Hong Gil Dong)
- 스위치 1번 또는 2번 스위치를 눌렀을 때 LCD에 어떤 스위치가 눌러졌는지 확인할 수 있도록 표시하는 프로그램을 작성하시오.

3.2.3 과제 실습 보고서

실습 제목		날 짜	년 월 일
학과 및 학년		실습조	
실습자 학번		실습자 성명	

● 과제 실습 결과

과제명	결 과

● 고찰

고 찰

4 DC 모터 이론 및 실습

4.1 DC 모터 이론

4.1.1 DC 모터 개요

1) DC 모터 특징

① 기동 토크가 크고, 인가전압에 비례하는 회전 속도를 얻을 수 있다.

② 토크에 대하여 회전 속도는 반비례하는 특성을 갖고 있다.

③ 입력전류에 대하여 출력토크가 직선적이며 출력 효율도 양호하며 가격이 저렴하다.

④ 양호한 토크-속도, 토크-전류 특성으로 광범위한 속도 제어와 여러 다양한 제어 방법의 적용이 가능하다.

⑤ 직류 모터는 높은 회전력, 광범위한 속도 제어능력, 휴대용이, 속도 회전력 특성 양호, 여러 다양한 제어 방법 적용가능 등의 특성 때문에 로봇, 하드디스크, 기계공구 등 광범위하게 사용되고 있다.

⑥ 브러시와 정류자의 기계식 접점 때문에 소음과 노이즈, 먼지가 많이 발생하며 브러시등을 교환해주어야 하며, 스파크 발생 및 회전 소음이 발생하여 수명이 짧은 것이 단점이다.(브러시리스 직류 모터는 제외)

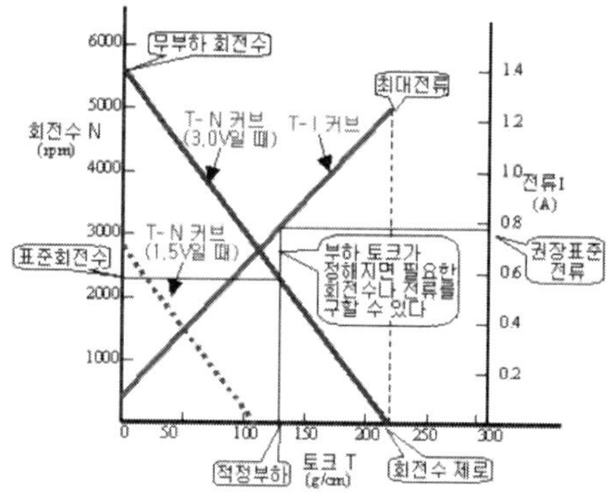

[그림 65] DC 모터의 특성표
(T-N, T-I 곡선)

2) DC 모터 구조

DC 모터는 크게 회전자(armature or rotor), 고정자(frame, case or housing), 전원 공급부로 구성되어 있으며 전기 에너지를 기계에너지로 변환해 주는 기기이다.

영구자석으로 이루어진 고정자가 있고 도선이 감긴 원통형의 회전자가 있으며 회전자의 도선에 흐르는 전류의 방향을 일정한 방향으로 흘러 들어가게 하는 정류자와 브러시라는 장치로 구성되어 있다.

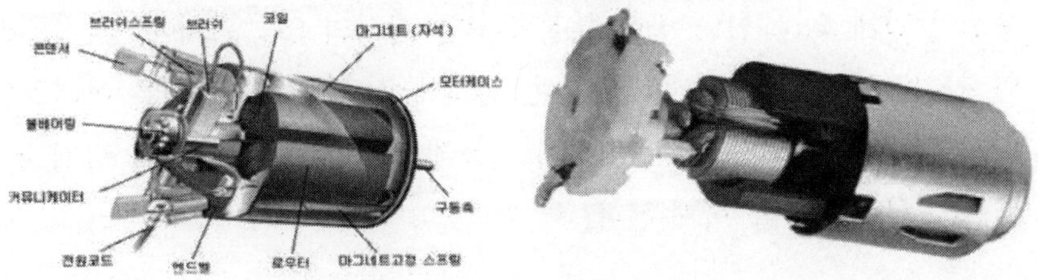

[그림 66] DC 모터의 구조

3) DC 모터 구동 원리

근본적으로 자기장 속에서 도체가 놓여 있을 때, 이 도체가 어떤 방향으로든지 운동을 하면 도체 내부에는 전류가 유기되어 흐른다. 반대로 도체 내에 전류를 흘리면 특정한 방향으로 힘을 받아 운동하려고 한다. 이러한 전자기적 원리를 이용하여 인위적으로 자기장을 형성하고 도체를 구성한 후 전류를 공급하면 이 도체가 운동을 한다.

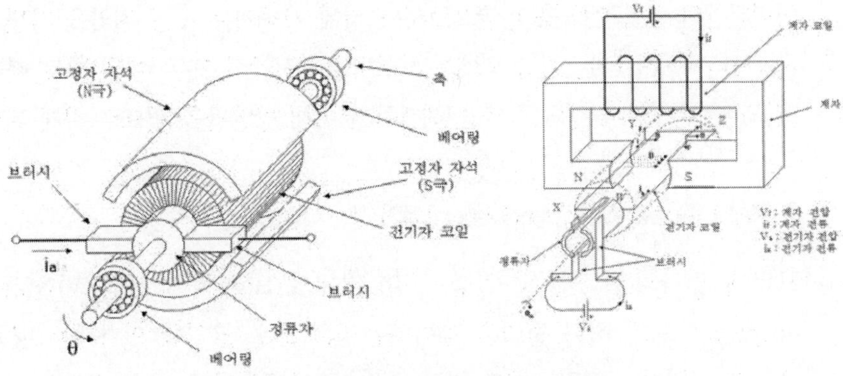

[그림 67] DC 모터 구동 원리

영구자석으로 된 고정자와 코일을 사용한 회전자(전기자 코일)로 구성되어 있으며, 회전자에 흐르는 전류의 방향을 전환함으로 자력의 반발, 흡인의 힘으로 회전력을 발생시킨다.

또한 브러시와 정류자로 인해 회전자의 전류의 흐름이 바뀌어 모터가 회전하게 된다. 즉 자기장 속에서 전류가 흐르면 흐르는 도선은 힘을 받아 움직이는 플래밍의 왼손 법칙을 이용하였다. 자기장의 방향은 N극에서 S극으로 향하며, 전류의 방향은 +극에서 -극으로 향한다. 자기장의 방향과 전류의 방향에 따라 도선이 받게 되는 힘의 방향이 결정된다. 자석의 S극 근처에 있는 도선에 전류와 자기장의 방향을 플레밍의 왼손 법칙에 적용해보면 도선은 아래쪽으로 힘을 받게 되고, 또 N극 근처의 도선에 적용해 보면 위쪽으로 힘을 받게 된다. 이때 도선은 회전 운동을 하게 된다.

4) 제어 방법

기본적으로 DC 모터는 +, -만 연결하면 회전을 한다. 그러나 DC 모터의 속도 제어 및 방향 전환을 위하여 여러가지 제어 방법이 있다.

① DC 모터 속도 제어

가. 아날로그 방식 가변속 제어

모터 속도를 가변 시키는 가장 간단한 방법이다. 이는 직접 구동 전압 그 자체를 변화 시키는 것으로 트랜지스터로 전압 드로퍼(dropper)를 구성하고 컬렉터 이미터간의 드롭 전압을 바꿈으로서 모터에 가해지는 구동 전압을 가변으로 한다. 모터에 공급되는 전압 외에는 드롭 되는 전압이 모두 손실(열)로 빠져 나가게 되며, 손실로 발생하는 열을 해결하기 위해 방열판을 필요로 하게 된다.

나. PWM (Pulse Width Modulation)제어

모터에 인가되는 전압을 일정 구간 내에서 High와 Low의 비율(듀티비 : duty)을 다르게 하여 출력을 제어하는 방식으로 코일에 인가되는 평균 전압을 변화시킨다. [그림 68]과 같이 같은 주기 T동안에 펄스 폭(pulse Width)

를 변조시키면 펄스 인가 시간에 따라 모터에 가해지는 평균 전압이 변화하게 된다. DC 모터의 속도는 모터에 인가되는 평균 전압에 비례하므로 PWM 방법으로 한 주기 내의 펄스폭을 조정하여 속도를 조절한다.

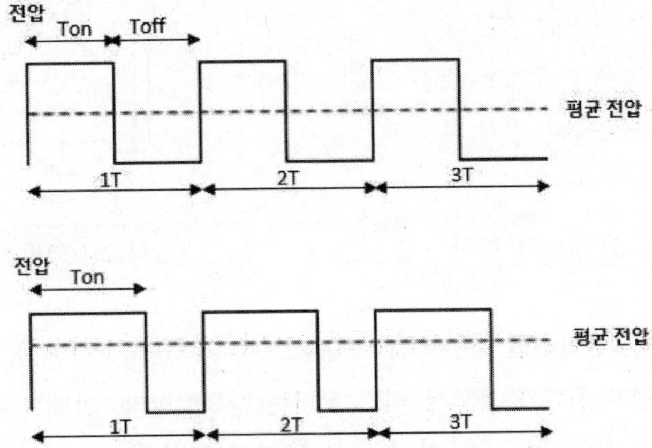

[그림 68] DC 모터 PWM 제어

$$V_{평균전압} = V_{입력} \times \frac{T_{on}}{T}[V]$$

② DC 모터 방향 제어

모터는 전압의 +, −를 연결하면 회전을 한다. 그러나 회전의 방향을 바꾸고 싶을 때는 연결된 +, −를 반대로 연결하면 모터는 역회전 하지만 단일 전원으로 모터에 가하는 전압의 방향을 바꿀 수는 없다. 그래서 고안된 것이 'H-브릿지 회로'이다. 기본 구성은 아래 [그림 69]와 같다.

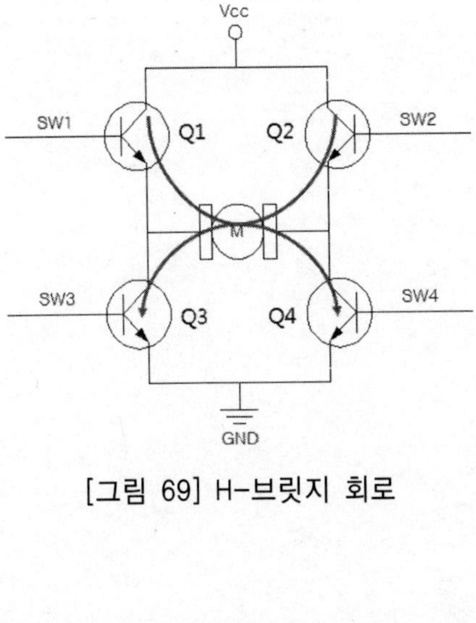

[그림 69] H-브릿지 회로

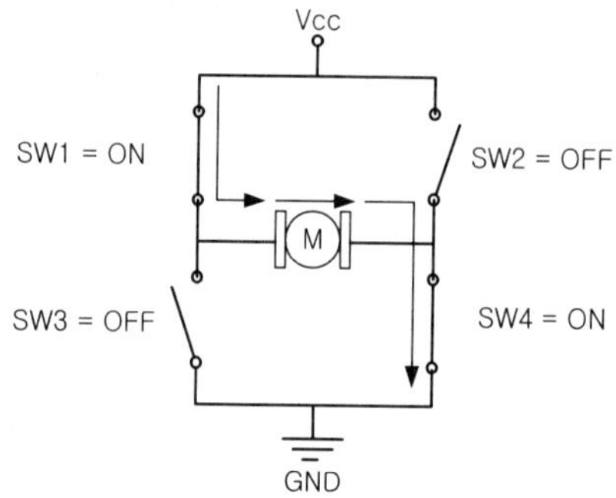

[그림 70] 정방향 회전

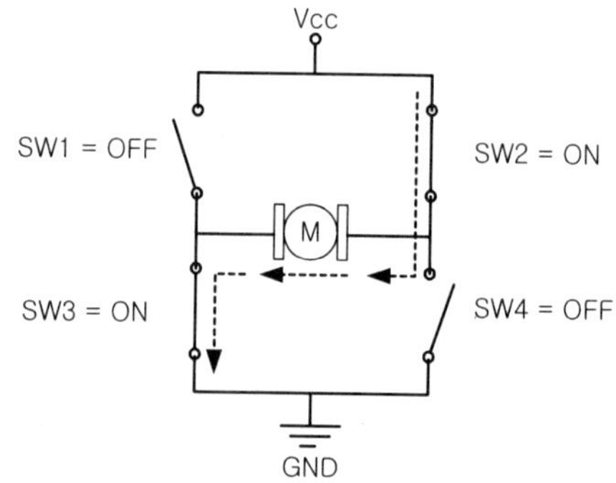

[그림 71] 역방향 회전

기본 동작은 [그림 69]와 같이 Q1과 Q4의 트랜지스터만 동시에 On하면 청색선과 같이 전류가 흐르게 되고 모터는 정회전한다. 반대로 Q2와 Q3만 On 하면 적색선과 같이 전류가 흐르고 모터는 역회전을 한다. 그리고 Q3과 Q4만 동시에 On하면 모터에 브레이크를 거는 동작이 된다. DC 모터 제어에 주로 사용되는 드라이브용 IC는 내부에 이러한 H-브릿지 회로를 내장하고 있어 트랜지스터 등의 개별 부품으로 구성할 필요가 없다.

4.2 DC 모터 구동 실습

학습 목표

◈ H-브릿지 회로 및 I/O 포트를 이용한 DC 모터의 정·역회전 방법을 학습한다.

◈ H-브릿지 회로 및 PWM 포트를 이용한 DC 모터의 정·역회전 방법을 학습한다.

4.2.1 실습 준비물

① Core-MMR 본체

② MK-II ISP

③ 통합개발환경(IDE)인 AVR Studio가 설치된 PC

4.2.2 DC 모터 제어 실습

1) 모터 구동용 IC L298 제어 원리

모터 구동용 드라이버 칩인 L298은 DC 모터의 방향, 속도를 제어하기 위해 사용한다. 모터를 드라이브하기 위한 회로가 2채널이 있으며 1채널당 2A까지 전류를 흘릴 수 있으며, 2채널을 병렬로 연결하면 4A까지도 가능하다. 또한 L297과 함께 스테핑 모터 드라이버로 사용되기도 한다.

L298의 드라이버 내부 블록도는 [그림 72]와 같다.

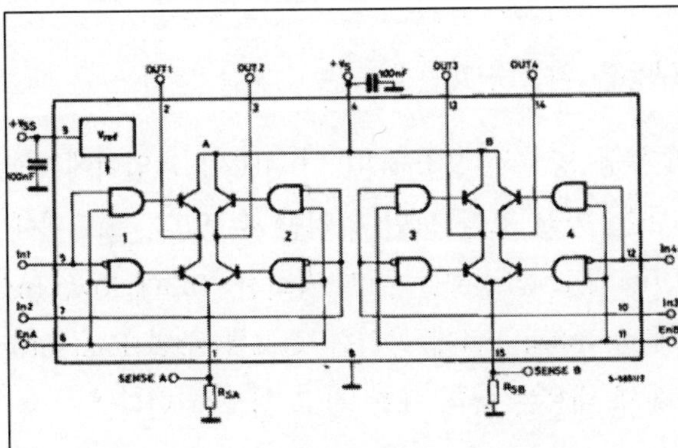

[그림 72] L298 Block Diagram

L298의 기본 제어를 위하여 회로 연결은 L298의 8번, 9번 핀에 전원을 연결하여야 하며, 4번 핀에는 모터 구동 전압을 걸어준다. 4번 핀의 입력은 46V 까지 가능하다. Core-MMR 로봇에는 여기에 5V 전압이 연결되어 있다.

● A모터 구동을 위한 신호연결

-. 모터의 구동 방향 결정(In1(5), In2(7)) : 입력에 따라 구동 방향을 결정한다. 이는 아래 표를 보면 확인할 수 있다. EnA핀에 High일 때 In1에 High, In2에 Low 신호를 주면 정회전, In1에 low, In2에 High 신호를 주면 역회전, In1과 In2에 동일한 신호를 주면 Fast stop 모드가 되어 정지 한다. 상세 내용은 아래 표를 참고 하도록 한다.

Inputs		Function
EnA = H	In1 = H ; In2 = L	Forward (정방향)
	In1 = L ; In2 = H	Reverse (역방향)
	In1 = In2	Fast Motor Stop
EnA = L	In1 = x ; In2 = x	Free Running Motor Stop
L = LOW H = High x = Don't care		

-. 모터의 전원 연결(OUT1(2), OUT2(3)) : 모터의 양 단자에 연결

-. 모터 구동 On/Off (EnA(6)) : 입력이 High일 때 ON, Low일 때 Off

-. 전류 센싱(senseA(1)) : 0.5Ω정도의 저항을 통해 GND로 연결, 정격전력이 높은 저항을 사용한다.

● B모터 구동을 위한 신호연결

-. 모터의 구동 방향 결정(In3(10), In4(12)) : 입력에 따라 구동 방향을 결정한다. 이는 아래 표를 보면 확인할 수 있다. EnB핀에 High일 때 In3에 High, In4에 Low 신호를 주면 정회전, In3에 low, In4에 High 신호를 주면 역회전, In3과 In4에 동일한 신호를 주면 Fast stop 모드가 되어 정지 한다. 상세 내용은 아래 표를 참고 하도록 한다.

Inputs		Function
EnB = H	In3 = H ; In4 = L	Forward (정방향)
	In3 = L ; In4 = H	Reverse (역방향)
	In3 = In4	Fast Motor Stop
EnB = L	In3 = x ; In4 = x	Free Running Motor Stop
L = LOW	H = High	x = Don't care

-. 모터의 전원 연결(OUT3(13), OUT4(14)) : 모터의 양 단자에 연결

-. 모터 구동 On/Off (EnB(11)) : 입력이 High일 때 ON, Low일 때 Off

-. 전류 센싱(senseB(15)) : 0.5Ω정도의 저항을 통해 GND로 연결, 정격전력이 높은 저항을 사용한다.

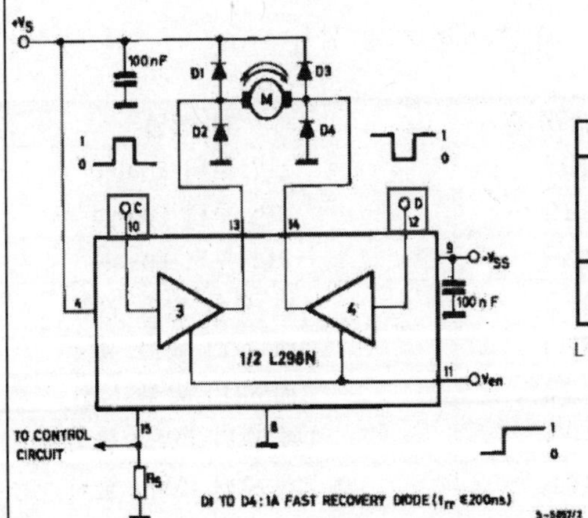

Inputs		Function
V_{en} = H	C = H ; D = L	Forward
	C = L ; D = H	Reverse
	C = D	Fast Motor Stop
V_{en} = L	C = X ; D = X	Free Running Motor Stop

L = Low H = High X = Don't care

[그림 73] Bidirectional DC Motor Control (L298)

2) L298을 이용한 정 · 역회전 실습

① DC 모터 구동 회로

Core-MMR에는 3개의 DC 모터가 있다. DC 모터 및 엔코더와 ATmega128의 인터페이스는 아래 표 및 회로도에서 확인할 수 있다. 모터드라이버(L298)은 병렬연결로 하나당 4A까지 허용하도록 설계되었다.

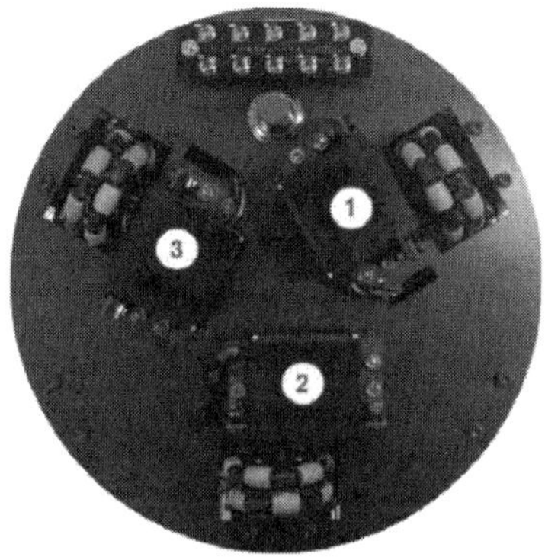

[그림 74] 모터 번호 및 위치

모터관련 핀 명칭	ATmega128 핀	핀 설명
Motor_1_EN	PORTE.2	1번 모터 Enable
Motor_2_EN	PORTB.2	2번 모터 Enable
Motor_3_EN	PORTG.3	3번 모터 Enable
Motor_1_DIR	PORTE.3	1번 모터 방향 설정
Motor_2_DIR	PORTB.3	2번 모터 방향 설정
Motor_3_DIR	PORTG.4	3번 모터 방향 설정
Motor_1_PWM	PORTB.5	1번 모터 PWM 출력
Motor_2_PWM	PORTB.6	2번 모터 PWM 출력
Motor_3_PWM	PORTB.7	3번 모터 PWM 출력
MO_1_EN_A	PORTE.5	1번 모터 엔코더 신호 A
MO_2_EN_A	PORTE.6	2번 모터 엔코더 신호 A
MO_3_EN_A	PORTE.7	3번 모터 엔코더 신호 A
MO_1_EN_B	PORTA.0	1번 모터 엔코더 신호 B
MO_2_EN_B	PORTA.1	2번 모터 엔코더 신호 B
MO_3_EN_B	PORTA.2	3번 모터 엔코더 신호 B
MO_1_EN_D	PORTA.3	1번 모터 엔코더 방향 신호
MO_2_EN_D	PORTA.4	2번 모터 엔코더 방향 신호
MO_3_EN_D	PORTA.5	3번 모터 엔코더 방향 신호

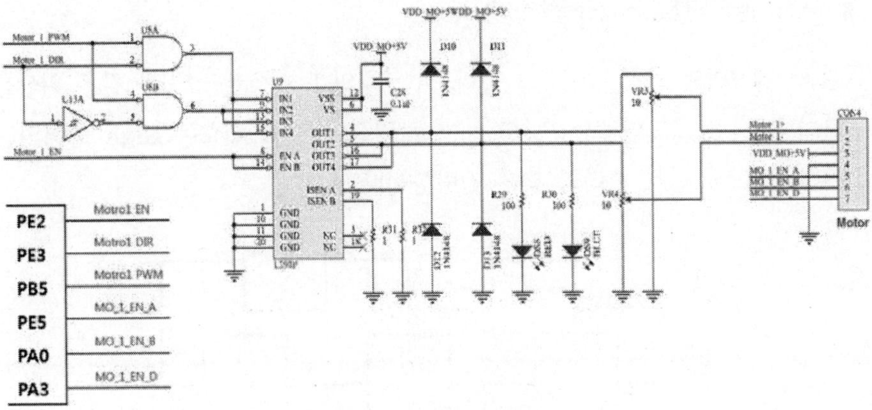

[그림 75] Motor 구동 회로 (1번 모터)

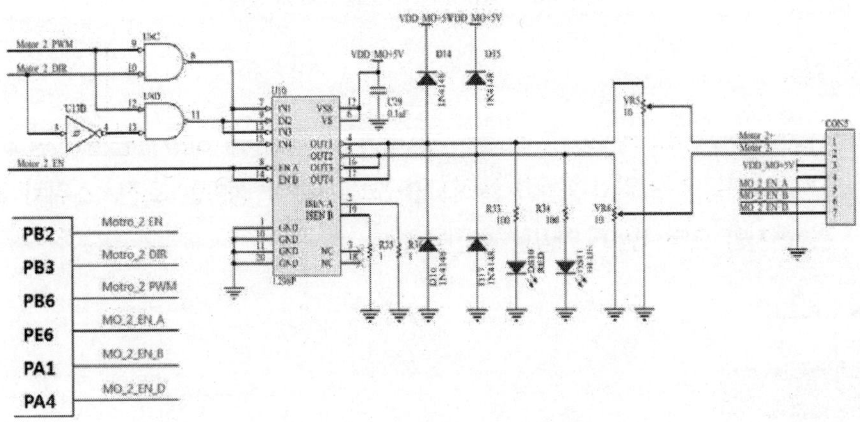

[그림 76] Motor 구동 회로 (2번 모터)

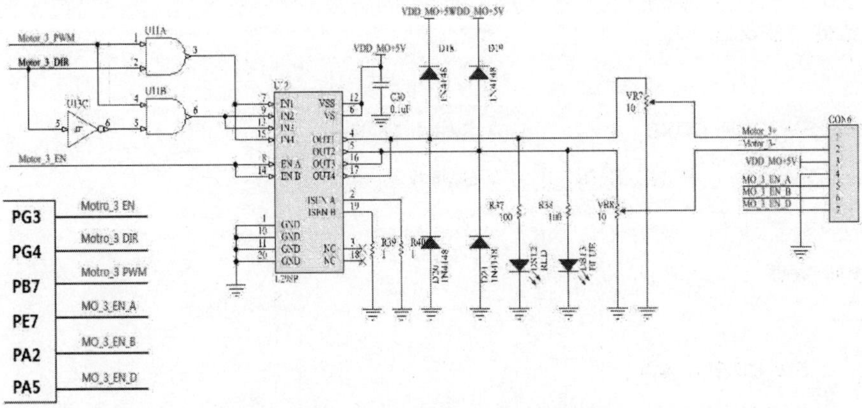

[그림 77] Motor 구동 회로 (3번 모터)

● 모터 엔코더(Encoder) 신호 출력

모터 엔코더의 신호는 아래와 같다. A 신호와 B 신호는 그림과 같은 위상을 가지며 D 신호는 모터 회전 방향 신호 출력선이다. D 신호는 High 출력의 경우 역방향, Low 신호 출력의 경우 정방향이다.

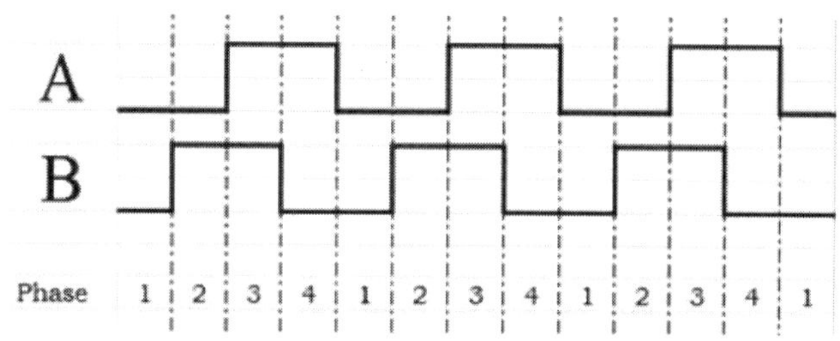

[그림 78] Rotary Encoder 신호 출력

② 실습

㉠ 일반 I/O 포트와 H-브릿지 회로를 이용하여 모터를 구동 하는 실습을 진행 하도록 한다. 구동은 스위치 1번이 눌려지면 모터 1번이 정방향 회전, 스위치 2번이 눌려지면 모터 1번이 역방향 회전을 한다.

● 소스

프로그램

```
#include <stdio.h>
#include <avr/io.h>
#include <util/delay.h>

#define SW_DDR DDRD                  // Switch DDR
#define SW_IN    (~PIND & 0x30)      // Switch input

int main(void)
{
        SW_DDR = 0x00;
        DDRB = 0x20;      // PORTB.5 출력 설정
```

```
        DDRE = 0x0C;      // PORTE.2, PORTE.3 출력 설정
        while(1)
        {
                switch(SW_IN)
                {
                        case 0x10:
//                              PORTE = 0x00;    // motor stop
                                PORTE = 0x0C;    //PORTE.3, PORTE.2 High
                                PORTB = 0x20;    //PORTB.5 high
                        break;

                        case 0x20:
//                              PORTE = 0x00;    //motor stop
                                PORTE = 0x04;    //PROTE.3 low, PORTE.2 high
                                PORTB = 0x20;    //PORTB.5 high
                        break;

                        default: break;
                }
        }
}
```

● 소스 설명

-. 사용하는 포트의 입출력을 정의 한다.

스위치 입력 : DDRD = 0x00 → 스위치 입력을 위한 입력 포트로 설정

모터 1 출력 : DDRB = 0x20 → 모터 1번 출력을 위한 출력 포트 설정

모터 1 출력 : DDRE = 0x0C → 모터 1번 방향,
Enable 위한 출력 포트 설정

-. 스위치 입력에 따른 모터 1번의 출력을 준다.

정방향 회전을 위하여 모터 1번 출력(PB.5)와 Enalble(PE.2)을 High로 주고 방향설정(PE.3)을 High로 한다.

역방향 회전을 위하여 모터 1번 출력(PB.5)와 Enalble(PE.2)을 High로 주고 방향설정(PE.3)을 Low로 한다.

ⓛ PWM 신호를 이용하여 모터를 구동하는 실습을 진행하도록 한다. 스위치 1번이 눌려지면 모터 1번이 정방향 회전, 스위치 2번이 눌려지면 모터 1번이 역방향 회전을 한다. (단, PWM 은 10bit, 프리스케일러 1, 타이머 1을 사용한다.)

프로그램

```
#include <stdio.h>
#include <avr/io.h>

#define SW_DDR          DDRD            // Switch DDR
#define SW_IN           (~PIND & 0x30)  // Switch input
void timer_init(void)
{
        TCCR1A = 0xAB;          // clear , phase correct pwm 10bit mode
        TCCR1B = 0x01;          // non-inverting 1 prescaler
        TCNT1 = 0x00;           // set counter1 to zero
        TIMSK |= 0x04;          // timer1 enable
        OCR1A = 0x00;           // set output compare register A to zero
}
int main(void)
{
        SW_DDR = 0x00;
        DDRB = 0x20;    // PORTB.5 출력 설정
```

```
    DDRE = 0x0C;        // PORTE.2, PORTE.3 출력 설정

    timer_init();           // 타이머/카운터 초기화
    while(1)
    {
            switch(SW_IN)
            {
                    case 0x10:
                            PORTE = 0x0C;    //PORTE.3, PORTE.2 High
                            OCR1A = 800;   // 듀티비 설정, 모터 속도
                    break;
                    case 0x20:
                            PORTE = 0x04;    //PROTE.3 low, PORTE.2 high
                            OCR1A = 800;   // 듀티비 설정, 모터 속도
                    break;
                    default: break;
            }
    }
}
```

③ 과제

- PWM 신호를 이용하여 스위치 1번이 누를 때 마다 모터 1번이 정방향으로 속도가 증가하고, 스위치 2번을 누를 때마다 모터 1번이 속도가 감소하는 프로그램을 작성하시오. (단, PWM은 10bit, 프리스케일러 1, 타이머 1을 사용하며, 최하값 300과 최고값 900사이에서 100씩 증가 및 감소하도록 한다.)

4.2.3 과제 실습 보고서

실습 제목		날 짜	년 월 일
학과 및 학년		실습조	
실습자 학번		실습자 성명	

● 과제 실습 결과

과제명	결 과

● 고찰

고 찰

5 구동 관련 이론 및 기본 함수의 활용

5.1 구동 관련 이론

자율이동로봇은 옴니휠이라는 특이한 구조의 바퀴를 사용하여 홀로노믹 시스템을 구현 한다. 제어를 할 수 있는 자유도가 제어하고 싶은 자유도 보다 많거나 같은 경우 홀로노믹 시스템(Holonomic System)이라 하고, 제어할 수 있는 자유도가 제어를 하고 싶은 자유도 보다 적을 경우 논홀로노믹 시스템(non-holonomic system)이라 한다. 대표적인 논 홀로노믹 시스템은 자동차라고 할 수 있다. 자동차가 방향을 바꾸기 위해서는 어느 정도 회전 반경이 있어야만 한다. 하지만 홀로노믹 시스템은 별도의 회전 반경 없이도 방향을 바꿀 수 있으며, 방향을 바꾸기 위해서 회전조차 필요가 없다. 이러한 점은 좁은 실내에서 방향을 바꾸어도 로봇이 이동할 수 있을 만큼의 공간만 존재 한다면 자유롭게 주행이 가능하며 갑작스런 장애물이 출현하여도 장애물을 유연하게 회피하여 주행이 가능하다. 옴니휠은 하나의 주 바퀴와 그 주위에 위성처럼 달려있는 보조바퀴로 구성된다. 주바퀴는 일반적인 바퀴와 같이 모터의 회전축을 중심으로 회전을 하고, 보조바퀴는 외부의 힘에 의해 회전축의 방향(주 바퀴와 직각을 이루는 방향)으로 슬립(slip)이 발생된다. Core-MMR로봇은 3개의 옴니휠을 Y자 모양으로(120°간격)으로 배치하여 전방향 이동 및 회전이 가능한 매커니즘으로 설계되어 있다. 옴니휠을 사용한 이동로봇의 경우 많은 장점에도 불구하고 종래의 일반 바퀴를 사용한 경우보다 위치 이동 및 자세 제어가 매우 어렵기 때문에 민첩하고 정확하게 주행할 수 없는 문제점이 있다. 이러한 로봇의 주행 기구학은 아래와 같이 나타낼 수 있다.

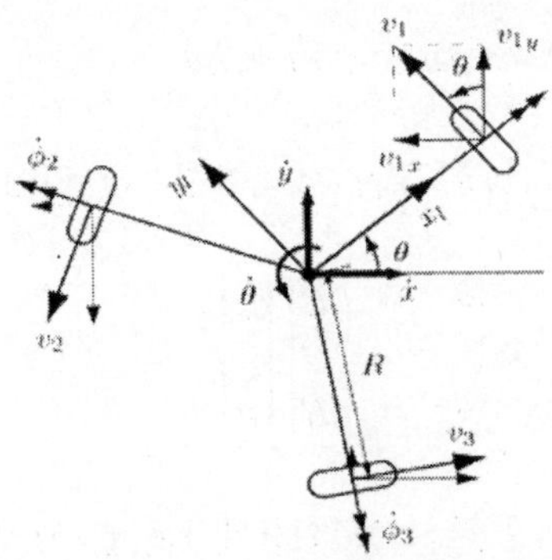

[그림 79] 로봇의 기구학

로봇이 위치한 전역 좌표계 $[x, y]$를 정의하면, 로봇의 위치와 방향을 (x, y, θ)로 나타낼 수 있고, 속도를 $(\dot{x}, \dot{y}, \dot{\theta})$라고 나타낼 수 있다. 여기서 로봇의 좌표계 $[x_l, y_l]$를 정의하면, 좌표계의 중심은 로봇의 무게 중심점이 되고, 3개의 옴니휠은 $a_i(i = 1,2,3)$의 각도로 놓여 있다. x_1을 기준으로 하면 $a_1 = 0^\circ$, $a_2 = 120^\circ$, $a_3 = 240^\circ$ 이다. 하지만 이동 로봇은 $a_2 = 90^\circ$ 로 정의 하였으므로, $a_1 = 210^\circ$, $a_2 = 90^\circ, a_3 = 330^\circ$ 이다. 이때 각 바퀴 축의 속도를 v_i 라 정의 하면 수식은 아래와 같다.

$v_i = v_{trans,i} + v_{rot}$

$v_{trans,i}$: 축 i의 이동을 위한 속도 v_{rot} : 회전을 위한 속도

우선 순수하게 이동을 위한 속도 성분만을 정의하면 다음을 정의할 수 있다.

$v_{trans,1} = -\sin(\theta)\dot{x} + \cos(\theta)\dot{y}$

이를 이용하여 나머지 $v_{trans,i}$를 정의하면 다음과 같다.

$v_{trans,i} = -\sin(\theta + \alpha_i)\dot{x} + \cos(\theta + \alpha_i)\dot{y}$

여기에 순수 회전을 위한 속도 성분만을 정의하면 다음과 같이 정의된다.

$v_{rot} = R\dot{\theta}$ 여기에서 R은 로봇의 무게중심에서 바퀴까지의 거리이다.

위 수식 중 이동을 위한 속도와 회전을 위한 속도를 대입하여 정리하면 다음 과 같이 정의된다.

$v_i = -\sin(\theta + \alpha_i)\dot{x} + \cos(\theta + \alpha_i)\dot{y} + R\dot{\theta}$

이를 $(\dot{x}, \dot{y}, \dot{\theta})$에 대한 (v_1, v_2, v_3)로 행렬식으로 나타내면 다음과 같다.

$$\begin{bmatrix} v_1 \\ v_2 \\ v_3 \end{bmatrix} = \begin{bmatrix} -\sin(\theta+\alpha_1) & \cos(\theta+\alpha_1) & R \\ -\sin(\theta+\alpha_2) & \cos(\theta+\alpha_2) & R \\ -\sin(\theta+\alpha_3) & \cos(\theta+\alpha_3) & R \end{bmatrix} \begin{bmatrix} \dot{x} \\ \dot{y} \\ \dot{\theta} \end{bmatrix}$$

다시 전체 좌표계 $(\dot{x}, \dot{y}, \dot{\theta})$를 로봇 좌표계 $(\dot{x}_l, \dot{y}_l, \dot{\theta})$로 변환하면 다음과 같다.

$$\begin{bmatrix}\dot{x}\\ \dot{y}\\ \dot{\theta}\end{bmatrix}=\begin{bmatrix}\cos(\theta) & 0 & 0\\ 0 & \cos(\theta) & 0\\ 0 & 0 & 1\end{bmatrix}\begin{bmatrix}\dot{x}_l\\ \dot{y}_l\\ \dot{\theta}\end{bmatrix}$$

위 식을 사용하여 다시 정리하면 다음과 같다.

$$\begin{bmatrix}v_1\\ v_2\\ v_3\end{bmatrix}=\begin{bmatrix}-\sin(\theta+\alpha_1) & \cos(\theta+\alpha_1) & R\\ -\sin(\theta+\alpha_2) & \cos(\theta+\alpha_2) & R\\ -\sin(\theta+\alpha_3) & \cos(\theta+\alpha_3) & R\end{bmatrix}\begin{bmatrix}\cos(\theta) & 0 & 0\\ 0 & \cos(\theta) & 0\\ 0 & 0 & 1\end{bmatrix}\begin{bmatrix}\dot{x}\\ \dot{y}\\ \dot{\theta}\end{bmatrix}$$

이를 사용하여 다시 v_i를 정의하면 다음과 같다.

$$v_i = -\sin(\theta+\alpha_i)\cos(\dot{\theta})x_l + \cos(\theta+\alpha_i)\cos(\theta)\dot{y}_l + R\dot{\theta}$$

v_i는 각 축의 속도 이고 v_i와 모터의 회전 속도와의 관계는 다음과 같다.

$v_i = r\dot{\phi}_i$ r : 바퀴의 반지름

위 식을 이용하여 $\dot{\phi}_i$를 정의하면 다음과 같다.

$$\dot{\phi}_i = (-\sin(\theta+\alpha_i)\cos(\dot{\theta})x_l + \cos(\theta+\alpha_i)\cos(\theta)\dot{y}_l + R\dot{\theta})/r$$

로봇의 경우 $a_1 = 210^\circ$, $a_2 = 90^\circ$, $a_3 = 330^\circ$ 이므로 각 모터의 회전속도 v_x

(x = 1, 2, 3)를 정의하면 다음과 같다.

$$\dot{\phi}_1 = (-\sin(\theta+210)\cos(\theta)\dot{x}_l + \cos(\theta+210)\cos(\theta)\dot{y}_l + R\dot{\theta})/r$$

$$\dot{\phi}_2 = (-\sin(\theta+90)\cos(\theta)\dot{x}_l + \cos(\theta+90)\cos(\theta)\dot{y}_l + R\dot{\theta})/r$$

$$\dot{\phi}_3 = (-\sin(\theta+330)\cos(\theta)\dot{x}_l + \cos(\theta+330)\cos(\theta)\dot{y}_l + R\dot{\theta})/r$$

위 수식을 이용하여 각 모터의 속도를 제어할 수 있다.

5.1.1 기본 함수

- 함수 : void systeminit(void)

시스템을 구동하기 위하여 ATmega128의 포트 및 통신, 인터럽트등의 레지스터 초기값을 셋팅한다. 레지스터 셋팅은 회로의 포트 연결된 부분을 확인하여 입력, 출력, 어떤 인터럽트를 사용할 것인지, 얼마의 통신 속도로 통신할 것인지 등에 관한 부분을 설정한다.

프로그램 시스템 초기화 함수(MCU 초기화)

```
void systeminit(void)
{  // PORT 정의
    DDRA = 0xC0;
    PORTA = 0x00;
    DDRB = 0xEF;
    PORTB = 0x00;
    DDRC = 0xFF;
    PORTC = 0x00;
    DDRD = 0x0F;
    PORTD = 0x00;
    DDRE = 0x0C;
    PORTE = 0x00;
    DDRF = 0x00;
    PORTF = 0x00;
    DDRG = 0x1F;
    PORTG = 0x00;
// 사용 인터럽트 정의
    EICRA = 0x00;  // ISC3_1 ISC3_0 ISC2_1 ISC2_0 ISC1_1 ISC1_0 ISC0_1 ISC0_0
                   //   0      0      0      0      0      0      0      0
    EICRB = 0xAA;  // ISC7_1 ISC7_0 ISC6_1 ISC6_0 ISC5_1 ISC5_0 ISC4_1 ISC4_0
                   //   1      0      1      0      1      0      1      0
```

```
    EIMSK = 0xF0;  //  INT 7  INT 6  INT 5  INT 4  INT 3  INT 2  INT 1  INT 0
                   //    1      1      1      1      0      0      0      0
    // USART0 initialization
    // Communication Parameters: 8 Data, 1 Stop, No Parity
    // USART0 Baud rate: 115200 (Double Speed Mode)
    UCSR0A=0x02;
    UCSR0B=0x98;
    UCSR0C=0x06;
    UBRR0H=0x00;
    UBRR0L=0x10;    //115200bps
}
```

● 함수 : void timer_init(void)

시스템에서 사용될 타이머/카운터 초기값을 셋팅한다. 출력될 PWM의 프리스케일러, 동작 모드, 출력 모드 등을 셋팅한다.

프로그램 타이머/카운터 초기화

```
void timer_init(void)
{
        ASSR = 0;
        TCCR1A = 0xAB;              // clear , phase correct pwm 10bit mode
        TCCR1B = _BV(CS10);         // non-inverting 1 prescaler
                                    // f = 16Mhz/(2*N*0x3ff) 10bit (0x000~0x3ff) (0~1023)
        TCNT1 = 0x00;               // set counter1 to zero
        TIMSK |= _BV(TOIE1);        // timer1 enable
        OCR1A = 0x00;               // set output compare register A to zero
        OCR1B = 0x00;               // set output compare register B to zero
        OCR1C = 0x00;               // set output compare register C to zero
        // roop  time
```

```
        TCCR0 = 0x05;           // normal mode 128 prescaling,
                                // 8usec마다 한번씩 인터럽트 발생 16000000/128= 125000,
        TCNT0 = 0x83;           // 1/125000 = 0.000008,  0.000008*125 = 0.001,
                                // 256-125 = 131 (0x83)카운트값 약1msec마다 오버플로우
        TIMSK |= 0x01;          // TOIE0 enable
        TIFR = 0x01;            // TOV0 clear
}
```

- 함수 : void motor_init(void)

모터를 구동 전후, 또는 초기화를 위하여 모터 전체를 정지시키고, 모터로 나가는 PWM 출력을 0으로 만든다.

프로그램 모터 정지 및 초기화 함수

```
void motor_init(void)     // 모터 정지 및 초기화
{
        cbi(PORTE, motor1_en);   // 1번 모터 정지
        OCR1A = 0;
        cbi(PORTB, motor2_en);   // 2번 모터 정지
        OCR1B = 0;
        cbi(PORTG, motor3_en);   // 3번 모터 정지
        OCR1C = 0;
}
```

- 함수 : void motor_enable(void)

모터 구동을 위하여 모터 드라이버의 인에이블(Enable) 단자에 High 출력을 주어 모터 전체 드라이버를 인에이블한다.

프로그램 모터 인에이블 함수

```
void motor_enable(void)
{
        sbi(PORTE,motor1_en);
        sbi(PORTB,motor2_en);
        sbi(PORTG,motor3_en);
}
```

● 함수 : void motor_stop(int num)

모터동작 시 개별적으로 모터를 정지할 때 매개변수 'num'에 정지하고자 하는 모터 넘버를 넣어 모터를 정지시킨다. 단 모터 넘버는 0, 1, 2이다.

프로그램 모터 개별 정지 함수

```
void motor_stop(int num)
{
        if(num == 0)  // 1번 모터 정지
        {
                cbi(PORTE,motor1_en);
                OCR1A = 0;
        }
        if(num == 1)   // 2번 모터 정지
        {
                cbi(PORTB,motor2_en);
                OCR1B = 0;
        }
        if(num == 2)   // 3번 모터 정지
        {
                cbi(PORTG,motor3_en);
                OCR1C = 0;
        }
}
```

● 함수 : ISR(INT5_vect), ISR(INT6_vect), ISR(INT7_vect)

인터럽트를 사용하여 모터가 회전 시 모터에 연결되어 있는 엔코더의 값을 읽어온다. 이는 외부 인터럽트(INT5, INT6, INT7 : 엔코더 A상이 하드웨어적으로 연결되어 있음) 하강에지일 때 인터럽트 벡터로 진입한다. 인터럽트에 진입하였을 때 엔코더 B상(PINA.0, PINA.1, PINA.2 : 엔코더 B상이 하드웨어적으로 연결되어 있음)이 High인지 Low인지에 따라 정방향인지 역방향인지 알 수 있다.

프로그램 인터럽트를 사용한 엔코더 값

```
ISR(INT5_vect)              // motor 1 encoder A input
{
        if((PINA & 0x01) == 0x01)    encoder[0]--;
        else        encoder[0]++;
}
ISR(INT6_vect)              // motor 2 encoder A input
{
        if((PINA & 0x02) == 0x02)   encoder[1]--;
        else        encoder[1]++;
}
ISR(INT7_vect)              // motor 3 encoder A input
{
        if((PINA & 0x04) == 0x04)    encoder[2]--;
        else        encoder[2]++;
}
```

● 함수 : void pwm_out(unsigned char motornum, float pwm)

모터 번호와 PWM 값을 입력받아 해당 하는 모터의 출력핀으로 출력을 내보내는 함수이다. 이때 PWM 값이 음수인지 양수인지에 따라 모터드라이버 방향 선택으로 출력을 내보낸 후 PWM 값을 레지스터에 셋팅한다.

프로그램 모터 제어를 위한 PWM 출력

```
void pwm_out(unsigned char motornum, float pwm)
{
        unsigned int dir = 1;
        long pwm_value = 0;


        // PWM 값이 한계값을 넘었을 경우 처리 900 ~ -900
        if(pwm  == 0)
        {
                pwm_value = 0;
        }
        else if(pwm > 0 )
        {
                dir = 1;
                if(pwm > 900) pwm_value = 900;
                else pwm_value =  pwm;
        }
        else if(pwm  <0)
        {
                dir = 0;
                if(pwm <(-900)) pwm_value = 900;
                else pwm_value = -pwm;
        }
        // 각 모터에 해당하는 방향, 레지스터에 출력값 셋팅
        if(motornum == 0)
        {
                if(dir == 1) sbi(PORTE,motor1_direction);
                else  cbi(PORTE,motor1_direction);
                OCR1A = pwm_value;
```

```
        }
        else if(motornum ==1)
        {
                if(dir == 1) sbi(PORTB,motor2_direction);
                else cbi(PORTB,motor2_direction);
                OCR1B = pwm_value;
        }
        else if(motornum == 2)
        {
                if(dir == 1) sbi(PORTG,motor3_direction);
                else cbi(PORTG,motor3_direction);
                OCR1C = pwm_value;
        }
}
```

● 함수 : void pid_dis_ctrl(unsigned int motornum)

모터의 번호를 입력 받으며, 엔코더 데이터를 피드백 받아 원하는 거리를 보낼 수 있도록 PID 제어를 하는 함수이다.

프로그램 엔코더 입력값을 이용한 PID제어 (거리)

```
void pid_dis_ctrl(unsigned int motornum)
{
        int i;
        curr_position[motornum] =  (read_en(motornum) * 0.33);
            // 바퀴 둘레 40mm * 3.14 = 125.6mm / 38pulse, 한펄스당 0.33Cm 움직임
        sp_error[motornum] = desire_position[motornum] - curr_position[motornum];
        sd_error[motornum] = sp_error[motornum] - prev_position[motornum];
        si_error[motornum]  +=sp_error[motornum];
        pwm_dis[motornum] = ((kp * sp_error[motornum]) +
```

```
                                        (kd * sd_error[motornum] )+ (ki * si_error[motornum]));
        pwm_out(motornum, pwm_dis[motornum]);
        if(fabs(desire_position[motornum]) <  fabs(curr_position[motornum]))
        {
                for(i = 0; i<3;i++)
                {
                        curr_position[i] = 0;
                        desire_position[i] = 0;
                        encoder[i] = 0;
                        sp_error[i] = 0;
                        sd_error[i] = 0;
                        si_error[i] = 0;
                        motor_dis_flag = 1;
                }
        }
        prev_position[motornum] = sp_error[motornum];
}
```

● 함수 : void pid_dis_ctrl(unsigned int motornum)

모터의 번호를 입력 받으며, 엔코더 데이터를 피드백 받아 RPM을 계산한 후 원하는 속도까지 PID 제어를 하는 함수이다. 원하는 속도에 도달하면 관련 변수를 리셋한다.

프로그램 엔코더 입력값을 이용한 PID제어 (속도)

```
void pid_vel_ctrl(unsigned int motornum)
{
        int i;
        if(desire_rpm[motornum] < 0)
        {
```

```
            vp_error[motornum] = desire_rpm[motornum] + feedback_rpm[motornum];
            vi_error[motornum] += vp_error[motornum];
            vd_error[motornum] = vp_error[motornum] - prev_rpm[motornum];
        }
        else
        {
            vp_error[motornum] = desire_rpm[motornum] - feedback_rpm[motornum];
            vi_error[motornum] += vp_error[motornum];
            vd_error[motornum] = vp_error[motornum] - prev_rpm[motornum];
        }
        pwm_vel[motornum] = ((kp_v * vp_error[motornum]) +
                        (kd_v * vd_error[motornum] )+ (ki_v * vi_error[motornum]));

        pwm_out(motornum, pwm_vel[motornum]);  // 출력

        if(fabs(desire_rpm[motornum]) <  fabs(feedback_rpm[motornum]))
        {
            for(i = 0; i<3;i++)
            {
                feedback_rpm[i] = 0;
                desire_rpm[i] = 0;
                velocity_en[i] = 0;
                vp_error[i] = 0;
                vd_error[i] = 0;
                vi_error[i] = 0;
                motor_vel_flag = 1;
            }
        }
        prev_rpm[motornum] = vp_error[motornum];
}
```

● 함수 : void motor_dis_run()

모터를 구동하고 원하는 거리를 진행하였는지 확인하며, 원하는 거리만큼 진행하였을 시 모터를 정지한다.

프로그램 모터 동작(거리)

```
void motor_dis_run()    // dis 값이 음수이면 역방향
{
        int i;
        motor_enable();
        while(1)
        {
                for(i = 0; i< 3; i++)
                {
                        pid_dis_ctrl(i);
                        if(motor_dis_flag == 1)
                        {
                                motor_all_stop();
                                motor_dis_flag = 0;
                                return 0;
                        }
                }
        }
}
```

● 함수 : void velocity_run()

모터를 구동하고, 모터가 원하는 속도에 도달하였는지 확인한다. 만일 원하는 속도에 도달하면 모터를 정지시킨다.

프로그램 모터 동작(속도)

```
void velocity_run()
{
        int i;
//      desire_rpm[motor] = velocity;
        motor_enable();

        while(1)
        {
                for(i = 0; i<3; i++)
                {
                        pid_vel_ctrl(i);
                        if(motor_vel_flag == 1)
                        {
                                motor_all_stop();
                                motor_vel_flag = 0;
                                return 0;
                        }
                }
        }
}
```

● 함수 : void non_Holonomic(long Fx, long Fy, long Fw)

논 홀로노믹으로 플랫폼을 동작 시킬 때 사용하는 함수 이다. 매개 변수는 각 방향에 대한 모터의 벡터량이다. Core-MMR에서는 사용되는 값이 모터의 PWM 값이다. 모터의 PWM 값이 300이하이면 모터의 특성상 모터가 동작하지 않으므로 주의하기 바란다.

프로그램 non-Holonomic 제어

```
void non_Holonomic(long Fx, long Fy, long Fw)
{
        unsigned char i=0;
        double vel[3] = {0,0,0};

        vel[0] = (-Fx * 0.144) + (Fy * 0.0883) + (0.33* Fw);
        vel[1] = (-Fy * 0.167) + (0.1* Fw);
        vel[2] = (Fx * 0.144) + (Fy * 0.0883) + (0.33* Fw);

        for(i = 0; i<3; i++)
        {
                pwm_out(i, vel[i]*6.5);
                encoder[i] = 0;
        }
        motor_enable();
}
```

● 함수 : void holonomic(int angle, int speed)

논 홀로노믹으로 플랫폼을 동작 시킬 때 사용하는 함수 이다. 매개 변수는 플랫폼이 이동하기 위한 각도와, 속도이다. Core-MMR에서 speed에 사용되는 값이 모터의 PWM 값이다. 모터의 PWM 값이 300이하이면 모터의 특성상 모터가 동작 하지 않으므로 주의하기 바란다.

프로그램 Holonomic 제어

```
void holonomic(int angle, double speed, int dis)
{
        long Fx= 0, Fy= 0, Fw = 0; // long
        double radA=0, radB = 0;
        int desire_dir = 0;
        double vel[3] = {0,0,0};
        unsigned char i = 0;

        if(angle <= 180) desire_dir = 180-angle;
        else if(angle > 180) desire_dir = 540-angle;

        radA = (180-(double)desire_dir) * 0.017453;
        radB = (90-(double)desire_dir) * 0.017453;

        if(angle >= 0)
        {
                if(angle < 360)
                {
                        Fx = speed * (cos(radA));
                        Fy = speed * (cos(radB));
                }
        }
        if(angle < 0 || angle >= 360)
        {
                if(angle < 0) Fw = -speed;
                else if(angle >= 360) Fw = speed;
        }

        vel[0]=(-Fx * 0.144) + (Fy * 0.0883) + (0.33* Fw);
```

```
        vel[1]=(-Fy * 0.167) + (0.1* Fw);
        vel[2]=(Fx * 0.144) + (Fy * 0.0883) + (0.33* Fw);
        for(i = 0; i<3; i++)
        {
                pwm_out(i, vel[i]*6.5);
                encoder[i] = 0;
        }
        motor_enable();
}
```

● 함수 : void distance(int angle, long dis)

플랫폼이 구동하여 정지하기 위한 조건을 주는 함수이다. 예를 들어 아래와 같이 선언 한 경우 논 홀로노믹 방식으로 50Cm 가량 직진한 후 멈추게 된다.

```
        non_Holonomic(500,0,0);
        distance(0, 50);
```

프로그램 가고자 하는 거리 및 각도

```
void distance(int angle, long dis)
{
        double radA=0, radB = 0, radC = 0;
        long en_cnt = 0;
        long target_cnt[3];
        int desire_dir = 0;
        int i;

        if(angle <= 180) desire_dir = 180-angle;
        else if(angle > 180) desire_dir = 540-angle;
```

```
        radA = (30 - (double)desire_dir) * 0.017453;
        radB = (270 - (double)desire_dir) * 0.017453;
        radC = (150 - (double)desire_dir) * 0.017453;
        // 거리값을 엔코더 값으로 변경
        if(angle != 0)        en_cnt = ((dis * EN_PULSE)/12.56);
        else en_cnt = ((dis * EN_PULSE)/12.56)/ DISOFFSET;
         // 가고자 하는 거리의 엔코더 값 .
        target_cnt[0] = en_cnt * cos(radA);
        target_cnt[1] = en_cnt * cos(radB);
        target_cnt[2] = en_cnt * cos(radC);

        while(1)
        {
                for(i = 0; i<3 ; i++)
                {
                        if((fabs(encoder[0]) >= fabs(target_cnt[0])) &&
                             fabs(encoder[1]) >= fabs(target_cnt[1])&&
                             fabs(encoder[2]) >= fabs(target_cnt[2]))
                        {
                                motor_all_stop();
                                return 0;
                        }}}
}
```

● 기타 매크로 선언

"#define" 전처리 명령어로 매크로를 정의하여 두면 프로그램내에서 복잡한 상수나 문장을 하나의 단어로 사용할 수 있다. 이는 프로그램 작성 시 간단한 식이나 변수를 직접 다 넣어주면 형변환, 함수 호출등에 많은 자원이 낭비된다. 예를 들어 프로그램에서 변수 수정이 필요할 시, 일일이 변경하지 않고 선언하여 둔 매크로만 수정한다면 좀 더 편리하게 프로그램을 작성할 수 있다. 아래는

Core-MMR에서 사용된 매크로를 나타내었다.

```
#define  sbi( PORT, BIT  )  ( PORT ) |= ( 1 << BIT )   // PORT의 1 bit set mask

#define  cbi( PORT, BIT  )  ( PORT ) &= ~( 1 << BIT )   // PORT의 1 bit clear mask

#define LED1_ON()            sbi(PORTA,PA6)          // LED 1 ON

#define LED1_OFF()           cbi(PORTA,PA6)          // LED 1 OFF

#define LED2_ON()            sbi(PORTA,PA7)          // LED 2 ON

#define LED2_OFF()           cbi(PORTA,PA7)          // LED 2 OFF

#define BUZZER_ON()          sbi(PORTB,PB0)          // BUZZER ON

#define BUZZER_OFF()         cbi(PORTB,PB0)          // BUZZER OFF

#define SW_DDR               DDRD                    // Switch DDR

#define SW_INPORT            PIND                    // Switch Input

#define SW1                  (~PIND & 0x10)          // switch 1 input

#define SW2                  (~PIND & 0x20)          // switch 2 input

// lcd

#define LCD_OutDDR           DDRG

#define LCD_OutPort          PORTG         // Control Out

#define LCD_OutData          PORTC         // Data Out

#define SIG_RS_VAL           0x04          // RS  신호

#define SIG_RW_VAL           0x02          // RW 신호

#define SIG_E_VAL            0x01          // Enable 신호


// comunication cmd
```

```
#define TOTAL_TX_COMMAND_LEGNTH     3       // 보내는 명령어 길이
#define TOTAL_RX_LENGTH             16      // 받는 명령어 길이
#define TOTAL_RX_DATA_LENGTH        12      // 받는 데이터 길이
#define SOF                         0xFF    // 프레임 스타트
#define PSD_CMD                     0x01    // PSD 읽기 위한 명령어
#define PSD_REQ_CMD                 0x02    // PSD REQ 명령어
#define PSD_NACK                    0x03    // IR sensor 관련
#define IR_INPORT1                  PINF    // IR Sensor Input (0,1,2)
#define IR_INPORT2                  PIND    // IR Sensor Input (3, 4)
#define IR_SEN1                     0x07    // IR sensor 입력 PF0, PF1, PF2
#define IR_SEN2                     0xC0    // IR sensor 입력

// IR 센서가 감지하는 라인의 위치
#define RI2_CEN         8       // 맨 오른쪽
#define RI1_RI2         7
#define RI1_CEN         6
#define RI1_CENTER      2
#define CENTER          0       // 중간
#define LI1_CENTER      1
#define LI1_CEN         3
#define LI1_LI2     4
#define LI2_CEN         5       // 맨 왼쪽
```

```
#define IR1          (~PIND&0x40)    // IR 센서 입력 1
#define IR2          (~PIND&0x80)    // IR 센서 입력 2
#define IR3          (~PINF&0x01)    // IR 센서 입력 3
#define IR4          (~PINF&0x02)    // IR 센서 입력 4
#define IR5          (~PINF&0x04)    // IR 센서 입력 5
#define IND1         (~PINE&0x10)    // 금속감지(근접센서) 입력
```

5.2 전 · 후진 함수의 활용

학습 목표

◈ 모터 구동을 위한 기본 제어 함수를 이용하여 원하는 위치까지 이동 하는 방법을 학습한다.

5.2.1 실습 준비물

① Core-MMR 본체

② MK-II ISP

③ 통합개발환경(IDE)인 AVR Studio가 설치된 PC

5.2.2 전 · 후진 함수를 이용한 실습

① 전 · 후진 기본 함수

● 함수

기본적인 포트 입출력을 이용하여 모터를 원하는 거리까지 전진하는 함수

프로그램 전진 함수

```
void move_forword_dis(int dis)
{
        desire_position[0] = dis * -1;  // 38pulse 1바퀴 한바퀴 12.56Cm 이동, 목표 이동 거리
        desire_position[1] = dis * 0;   // 동작하지 않음
        desire_position[2] = dis * 1;
        encoder[0] = 0;
        encoder[1] = 0;
        encoder[2] = 0;
      motor_dis_run();    // 원하는 위치에 도달 할 때까지 모터를 구동시킨다.
}
```

기본적인 포트 입출력을 이용하여 모터를 원하는 거리까지 후진하는 함수

프로그램 후진 함수

```
void move_backword_dis(int dis)
{
        desire_position[0] = dis * 1;     // 38pulse 1바퀴 한바퀴 12.56Cm 이동, 목표 이동 거리
        desire_position[1] = dis * 0;     // 동작 하지 않음
        desire_position[2] = dis * -1;
        encoder[0] = 0;
        encoder[1] = 0;
        encoder[2] = 0;
        motor_dis_run();      // 원하는 위치에 도달 할 때 까지 모터를 구동 시킨다.
}
```

● 함수 설명

위 함수는 모터를 구동하여 원하는 거리로 이동을 하는 함수 이다. 기본적으로 바퀴가 한바퀴 돌면 가는 거리를 이용한다. 모터가 구동 시 연결된 엔코더로 모터가 한바퀴 돌 때 들어오는 엔코더 값을 계산하여 원하는 거리만큼 로봇을 이동할 수 있도록 되어있다. 로봇의 바퀴가 40mm 이므로 바퀴가 한바퀴 회전하면 125.6mm를 이동할 수 있다. 모터에 연결된 바퀴가 한바퀴 돌 때 엔코더는 38개 정도의 펄스를 발생함으로, 엔코더 한 펄스당 약 3.3mm정도 이동을 한다. 원하는 거리값을 함수내에서 정한 후, 모터가 동작 시 들어오는 엔코더 값을 비교하여 원하는 거리를 진행 했을 때 모터를 정지시킨다.

위 함수는 단순히 전진과 후진의 개념을 익힐 수 있으며, 좌표를 이용한 이동은 별도의 함수를 필요로 한다.

② 전 · 후진 함수를 이용한 동작 실습

로봇을 40Cm 가량 전진 후, 일정 시간이 지난 다음에 다시 후진하는 프로그램을 작성하시오.

● 소스

3개의 옴니휠을 이용한 로봇의 전 · 후진은 기구학 적으로 2개의 모터를 구동시켜 두 모터의 벡터 합으로 이루어진다. 전진 시 1번 모터는 역회전, 3번 모터는 정회전, 2번 모터는 회전하지 않음으로써 전진이 이루어진다. 후진의 경우는 반대이며, 2번 모터는 회전하지 않는다.

아래 소스는 전진 후, 일정 시간 경과 후 후진하는 프로그램이다. 로봇이 이동하고자 하는 방향과 이동하고자 하는 거리를 셋팅 하면 전 · 후진 함수에서 그 값을 셋팅하고 이동을 한다.

프로그램 전 · 후진

```
#include <stdio.h>
#include <avr/io.h>
#include <string.h>
#include <avr/interrupt.h>
#include <util/delay.h>
#include <stdbool.h>
#include "motor.h"

void timer_init(void);
void move_forword_dis(int dis);
void move_backword_dis(int dis);
int main(void)
{
        DDRA = 0xC0;                // 엔코더 B상 입력
        DDRB = 0xEF;                // 모터 control
```

```
        DDRE = 0x0C;                  // 모터 control
        DDRG = 0x1F;                  // 모터 control
        EICRA = 0x00;
         EICRB = 0xAA;                // 인터럽트 5,6,7 엔코더 A상
        EIMSK = 0xE0;                 // 인터럽트 사용

        motor_init();
        timer_init();
        sei();

        move_forword_dis(40);         // 로봇을 40 Cm 가량 전진
        _delay_ms(500);               // 일정 시간 딜레이
        move_backword_dis(40);        // 로봇을 40 Cm 가량 후진
}
```

아래 소스는 논홀로노믹 함수를 이용하여 전・후진 하는 소스이다. 논 홀로노믹 함수는 로봇이 정면으로만 이동한다.

프로그램 전 · 후진 (Non-Holonomic 제어를 이용)

```
#include <stdio.h>
#include <avr/io.h>
#include <string.h>
#include <avr/interrupt.h>
#include <util/delay.h>
#include <stdbool.h>
#include "interface.h"
#include "sensor.h"
#include "motor.h"
#include "move.h"
```

```
#define F_CPU 16000000UL

int main(void)
{
        systeminit();
        motor_init();
        timer_init();
        Beep(20000);
        _delay_ms(150);
        Beep(20000);
        sei();
        non_Holonomic(500,0,0);      // 500값(PWM)으로 앞으로 직진
        distance(0, 40);             // 40Cm 정도 직진 후 정지
         _delay_ms(500);             // 일정 시간 지연, 모터가 완전히 정지할 때 까지 기다림
         non_Holonomic(-500,0,0);    // 500값(PWM)으로 앞으로 후진
        distance(0, 40);             // 40Cm 정도 직진 후 정지
}
```

④ 과제

- 로봇을 20Cm 가량 전진한 후 부저를 울리고, 다시 20Cm 가량 후진 후 부저를 울리는 프로그램을 작성하시오.

5.2.3 과제 실습 보고서

실습 제목		날 짜	년 월 일
학과 및 학년		실습조	
실습자 학번		실습자 성명	

● 과제 실습 결과

과제명	결 과

● 고찰

고 찰

5.3 IR 센서를 이용한 라인 검출

학습 목표

◈ IR 센서를 이용하여 라인 검출 방법을 학습 한다.

5.3.1 실습 준비물

① Core-MMR 본체

② MK-II ISP

③ 통합개발환경(IDE)인 AVR Studio가 설치된 PC

5.3.2 IR 센서를 이용한 라인 검출 실습

1) IR(Infrared) 센서 관련 이론

IR(Infrared, 적외선) 센서는 일반적으로 포토 다이오드나 TR을 주로 사용한다. 이는 발광부와 수광부로 나누어져 있는데, 발광부에서 나온 적외선이 물체에 반사되어 수광부에 얼마나 많은 양이 들어오느냐에 따라서 수광부에 들어오는 전압의 양이 바뀌게 된다. Core_MMR 로봇의 회로에서는 비교기를 사용하여 수광부에 들어오는 전압이 기준 전압보다 높으면 High, 낮으면 low로 프로세서에 입력이 된다. 즉 흰색바닥은 적외선을 반사함으로 수광부에는 많은 적외선을 받게 되어 센서값이 커지고 검정색 바닥은 바닥에서 빛을 흡수함으로 수광부로 적외선이 들어오지 않는다. 다만 검은색 바닥이라도 적외선을 강하게 발산하면 약간의 적외선을 반사함으로 수광부에서 적외선을 인식할 수도 있다.

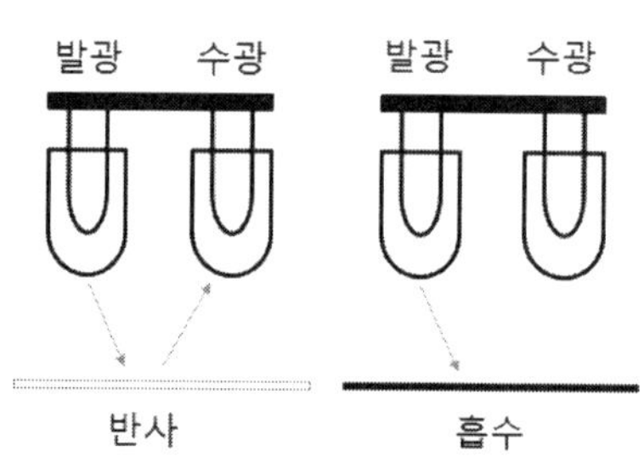

[그림 80] IR 센서 검출 원리

2) IR 센서를 이용한 라인 검출

① 회로

Core-MMR 로봇에는 전면 하단에 5조의 IR 센서부가 있으며, 가변 저항을 사용하여 센싱 감도를 조절할 수 있도록 하였다. 아래 그림에서 보여지는 것과 같이 초록색으로 표시된 부분이 발광부와 수광부 1조를 이루고 있으며, 왼쪽부터 1번 가장 우측이 5번째 센서이다. 아래 우측 그림에서 ①번은 IR 센서에 적외선이 감지 되지 않았을 경우(검은색 감지)에 LED에 불이 들어오며, IR 센서에 적외선이 입력되면(흰색 감지) 불이 꺼지며, ②번은 IR 센서의 감도 조절을 위한 가변 저항이다.

회로를 보면 ATmega128 핀으로 High가 입력되는 것은 수광부에 적외선이 감지된 것(흰색 감지)이며, Low가 입력되는 것은 수광부에 적외선이 감지되지 않음(검은색 감지)을 의미한다. 우리는 검은색 라인을 검출 할 것이므로 ATmega128 핀으로 low가 입력되면 해당 led(아래 그림 우측의 1번)에 불이 들어오고 검은색 라인을 검출 한 것으로 판단한다.

[그림 81] IR 센서부

[그림 82] 감지 및 감도조절

IR 관련 핀 명칭	ATmega128 핀	핀 설명
IR_1	PORTD.6	1번 IR 센서 입력
IR_2	PORTD.7	2번 IR 센서 입력
IR_3	PORTF.0	3번 IR 센서 입력
IR_4	PORTF.1	4번 IR 센서 입력
IR_5	PORTF.2	5번 IR 센서 입력

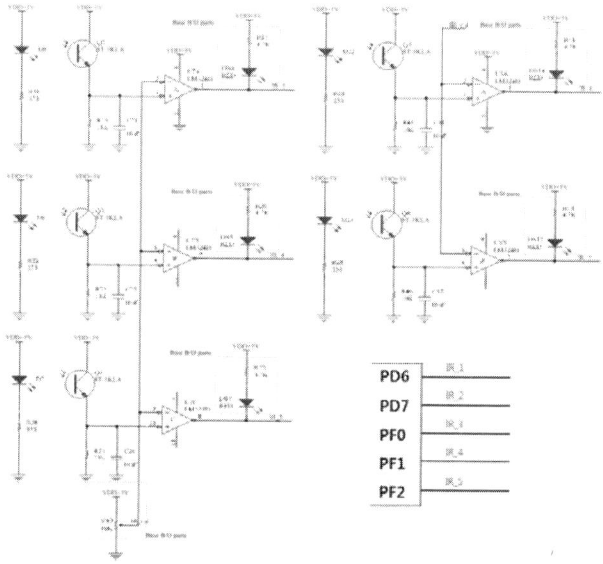

[그림 83] IR 센서부 회로도

② 실습

㉠ IR 센서를 이용하여 대항 IR 센서에 검은색 라인이 감지되면, Text LCD에 감지 여부를 디스플레이 하도록한다. 센서는 한번에 1조에만 감지된다는 가정을 하도록한다. (예 : LCD 1번째 줄에 "IR x Detect" 감지되지 않으면 "non Detect"을 출력 하도록 한다.)

● 기본 함수

-. IR 센서는 디지털 입력 핀으로 값을 입력받아 High인지 low인지 확인 한다. 아래 기본 IR 센서값을 확인할 수 있는 기본 함수를 확인하여 보도록 하자.

-. 회로에서 IR 센서 입력 포트가 PORTD와 PORTF에 나누어져 있다. 그래서 함수 내에 변수(ir_input)를 선언한 후 각 포트값을 읽어 두 값을 OR 연산을 하여 하나의 변수에 저장한다. 아래 함수를 사용하기 위해서는 먼저 아래 매크로를 먼저 선언하여야 한다.

```
#define IR_INPORT1      PINF    // PF0, PF1, PF2
#define IR_INPORT2      PIND    // PD6, PD7
```

```
#define IR_SEN1          0x07     // IR 이 PF0, PF1, PF2에 연결
#define IR_SEN2          0xC0     // IR 이 PD6, PD7번에 연결
```

-. 6번째 줄에서는 IR 센서 3,4,5번 포트를 읽어 왼쪽으로 2비트 시프트, 7번째 줄에서는 IR 센서 1,2 을 읽어 오른쪽으로 6비트 시프트 후 OR 연산을 수행 하였다. 그럼 ir_input이라는 변수에는 하위비트부터 0 ~ 5번째까지의 센서값이 저장된다. 8번째 줄에서는 그 값을 리턴하였다.

프로그램 IR Sensor 감지 함수

```
unsigned char read_ir(void)
{
        // IR sensor Input이 high이면 감지 안됨(흰색) , low이면 감지됨(검은색)
        unsigned char ir_input;
        ir_input =  ((IR_INPORT1 & IR_SEN1) << 2);        // IR 5, IR 4, IR 3  : PF 2, 1, 0
        ir_input |= ((IR_INPORT2 & IR_SEN2) >> 6);        // IR2, IR 1         : PD 7, 6
        return ir_input;
}
```

● 소스

-. LCD 관련 함수는 Text LCD에서 학습 한 내용을 메인구문 아래 추가하도록 한다. 먼저 LCD, IR 센서 관련 메크로 및 함수 원형을 선언한 후 메인 구문에서는 IR 센서의 값을 읽어 와서 감지된 센서의 번호에 맞추어 LCD에 출력하는 구문이다. 이때 2개 이상 감지되었을 때도 감지되지 않은 것으로 가정하였다.

프로그램 Main 구문

```
#include <stdio.h>
#include <avr/io.h>
#include <util/delay.h>
```

```
#define IR_INPORT1          PINF      // PF0, PF1, PF2
#define IR_INPORT2          PIND      // PD6, PD7
#define IR_SEN1             0x07      // IR 이 PF0, PF1, PF2에 연결
#define IR_SEN2             0xC0      // IR 이 PD6, PD7번에 연결

// LCD 관련 매크로
#define LCD_OutDDR          DDRG
#define LCD_OutPort         PORTG               // Control Out
#define LCD_OutData         PORTC               // Data Out

#define SIG_RS_VAL          0x04
#define SIG_RW_VAL          0x02
#define SIG_E_VAL           0x01

unsigned char read_ir(void);
void LCD_DW(unsigned char DataByte);
void LCD_CW(unsigned char CmdByte);
void LCD_Move(int line, int column);
void LCD_Puts(char *string);
void LCD_init();

int main(void)
{
        unsigned char ir;
        LCD_init(); // lcd 초기화
        while(1)
        {
                LCD_CW(0x01);       // LCD Clear
                ir = read_ir();
                switch(ir)                      // xxx 54321 IR 센서 번호
```

```
        {
            case 0x1E: LCD_Puts("IR 1 Detect"); break;   // 000 11110
            case 0x1D: LCD_Puts("IR 2 Detect"); break;   // 000 11101
            case 0x1B: LCD_Puts("IR 3 Detect"); break;        // 000 11011
            case 0x17: LCD_Puts("IR 4 Detect"); break;        // 000 10111
            case 0x0F: LCD_Puts("IR 5 Detect"); break;        // 000 01111
            default: LCD_Puts("Non Detect"); //두개이상 감지, 감지안되는 경우 포함
      break;
        }
        _delay_ms(150);
    }
}
```

③ 과제

- IR 센서가 아래 그림과 같은 경우와 같이 감지되었을 때 각 조건 별로 부저를 울리는 프로그램을 작성하시오. 부저는 ATmega128의 PORTB.0 에 연결 되어 있으며, 포트로 High 출력 시 ON, Low 출력 시 OFF된다. 동작 시퀀스는 우측 라인 검출 시 부저 1회, 좌측라인 검출 시 부저 2회, 크로스 라인 검출 시 부저 3회를 울린다.

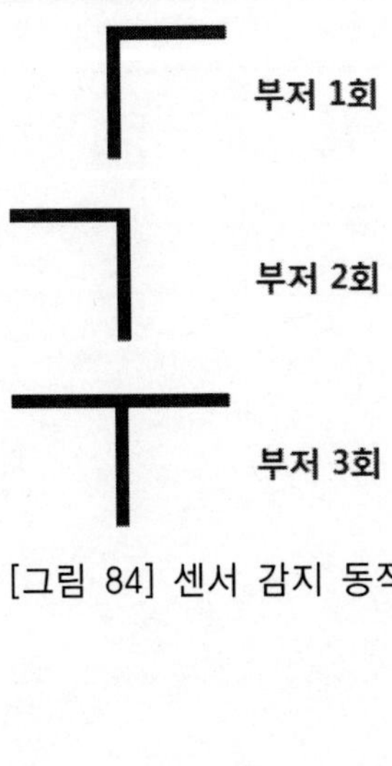

[그림 84] 센서 감지 동작

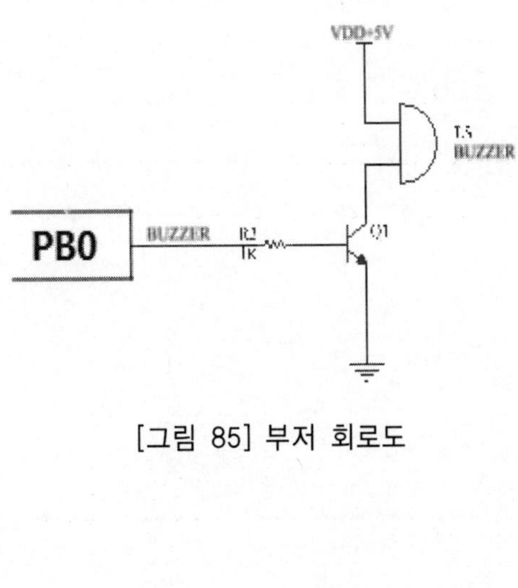

[그림 85] 부저 회로도

5.3.3 과제 실습 보고서

실습 제목		날 짜	년 월 일
학과 및 학년		실습조	
실습자 학번		실습자 성명	

● 과제 실습 결과

과제명	결 과

● 고찰

고 찰

5.4 PSD 센서를 이용한 물체 검출 (ADC, UART 통신)

학습 목표

◈ PSD 센서를 이용하여 거리 측정 방법을 학습한다.

◈ ADC, UART 통신에 대하여 학습한다.

5.4.1 실습 준비물

① Core-MMR 본체

② MK-II ISP

③ 통합개발환경(IDE)인 AVR Studio가 설치된 PC

5.4.2 PSD 센서를 이용한 라인 검출 실습

1) PSD 센서 관련 이론

PSD 센서(Position Sensing Device)는 적외선 삼각 측량 방식으로 거리를 측정하는 센서로 적외선 발광 다이오드, 렌즈, 1차원 CCD 센서가 한 개의 시스템으로 구성되어 있다. 인터페이스는 3핀으로 전원, 그라운드와 센서 출력핀이 있으며 이 핀을 통해 아날로그 전압값으로 물체와의 거리를 출력한다. 따라서 마이크로 컨트롤러의 ADC를 이용하여 이 값을 측정하면 손쉽게 비접촉 삼각 측량 방식의 거리 센서 시스템을 구성할 수 있다. 또한 반사 물체의 색상에 크게 영향을 받지 않는다는 장점이 있다.

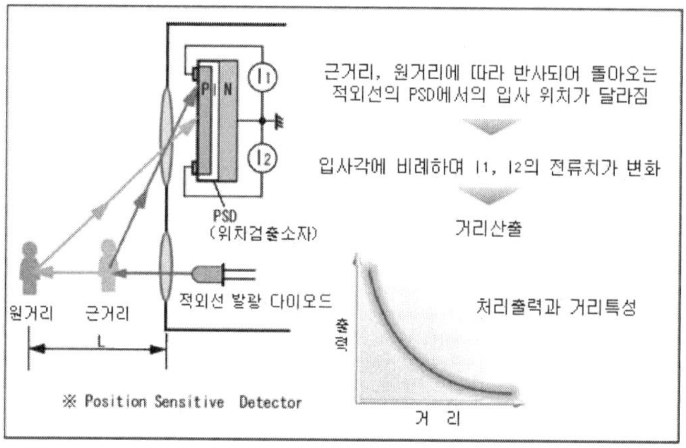

[그림 86] 거리 센서의 검출 원리

Core-MMR 로봇에 사용된 PSD 센서는 “모델명 : GP2Y0A41SK0F”아날로그 방식의 거리측정 센서이다. 측정 거리는 4~30Cm 정도로 로봇 청소기등 각종 로봇과 산업용 제어기기에 다양하게 응용 가능하다. GP2Y0A41SK0F의 거리에 따른 전압 출력은 아래 그림을 참고하면 된다.

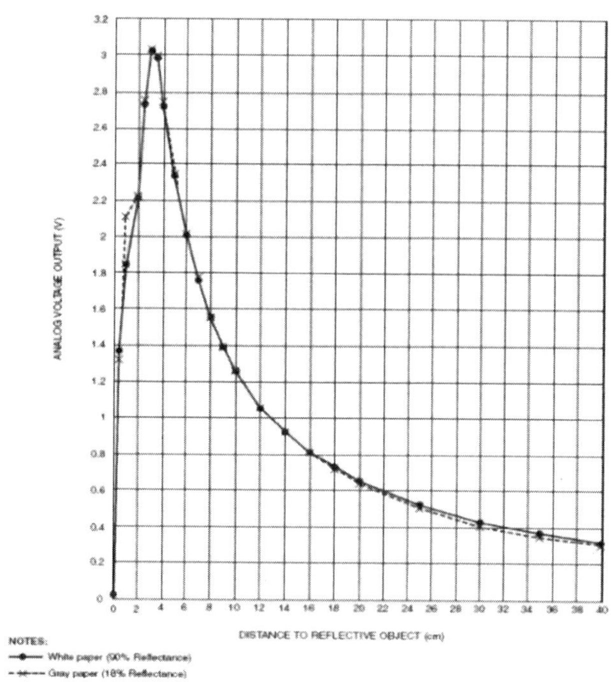

[그림 87] Output distance characteristics

2) PSD 센서를 이용한 라인 검출 실습

① 회로

Core-MMR 로봇에는 총 6개의 PSD 센서가 있다. 각 센서는 60°간격으로 배치되어 있다. 로봇에는 메인 컨트롤러인 ATmega128외에 PSD 센서 모듈이 존재한다. PSD 센서 모듈의 메인 컨트롤러는 ATmega8이며, ATmega128과는 UART 통신으로 데이터를 주고받는다. PSD 모듈은 메인 컨트롤러의 두 개의 UART포트 중 첫 번째 포트를 이용하여 각종 명령 및 센서 데이터를 주고 받는다. 로봇의 정면에서부터 1번 PSD 센서이며, 반시계방향으로 번호가 정해져 있다.

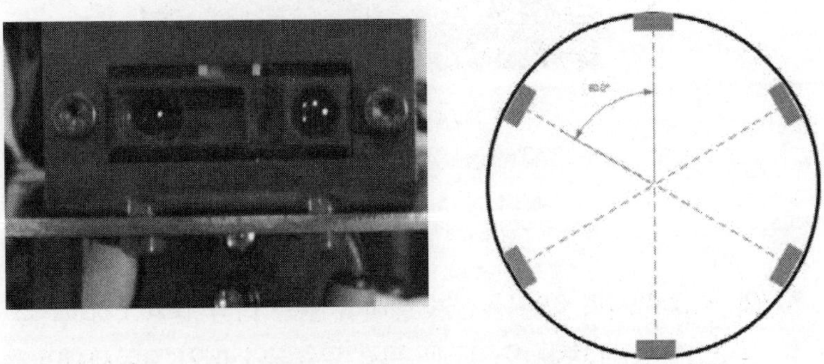

[그림 88] PSD 센서 모양 및 위치

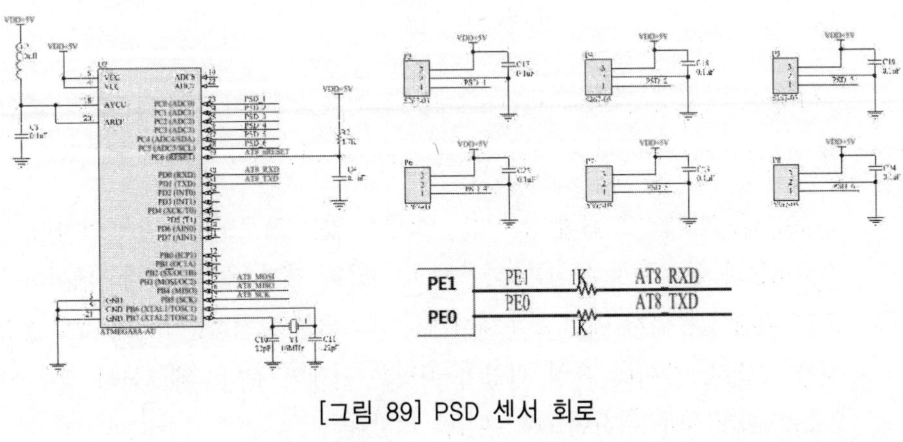

[그림 89] PSD 센서 회로

만일 PSD 센서 모듈의 ATmega8 프로세서의 프로그램을 변경하고자 한다면 아래 그림에서 보이는 ISP 포트에 연결하여 ATmega8용 프로그램을 다운로드 하여야 한다.

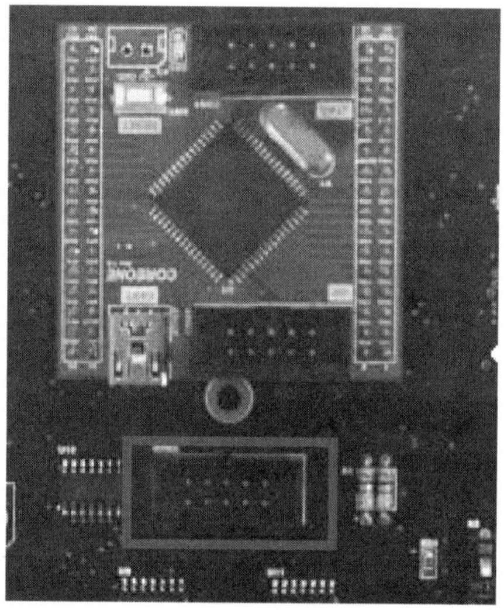

[그림 90] PSD 센서 모듈
(ATmega8) 프로그램을 위한 ISP

② 실습

㉠ 6개의 PSD 센서의 값을 통신을 통하여 읽은 다음 Text LCD에 그 값을 표시하는 프로그램을 작성하시오. PSD 센서 모듈부와 메인 프로세서의 통신으로 들어오는 ADC 값을 PSD 1 ~ 3은 LCD 첫째 줄에 4 ~ 6은 둘째 줄에 표시하도록 하시오.

● 기본 함수

이미 PSD 모듈 프로세서(ATmega8)에는 프로그램이 되어있으므로 메인 프로세서(ATmega128)에서 시리얼 통신을 통하여 데이터를 받아 오면 된다.

데이터를 받아오기 위해서는 미리 정해져 있는 프로토콜을 알아야하며, 정해진 프로토콜과 동일하게 통신을 하여야 데이터를 가져 올 수 있다. 데이터를 가져오기 위해서는 먼저 메인 프로세서에서 데이터를 요청하는 5바이트의 명령어 패킷을 보낸다. 데이터 요청 명령어 패킷은 아래와 같다. 체크섬의 경우 SOF ~ Length까지 모두 더하여 not 후 1을 더한다.

Byte	0	1	2	3	4
데이터 요청	SOF	Cmd	Length	Checksum	EOF
	0xFF	0x01	0x02	계산값	0x0D

[표 89] 데이터 요청 프로토콜

Byte	0	1	2	3	4	5	6	7
응답	SOF	Cmd	PSD1_H	PSD1_L	PSD2_H	PSD2_L	PSD3_H	PSD3_L
	0xFF	DATA						

Byte	8	9	10	11	12	13	14	15
응답	PSD4_H	PSD4_L	PSD5_H	PSD5_L	PSD6_H	PSD6_L	Check	EOF
	DATA							0x0D

[표 9] 데이터 응답 프로토콜

메인프로세서에서 데이터 요청을 하면 PSD 센서 모듈부에서 응답을 하도록 되어 있다. 데이터 응답 프로토콜은 [표 9]에 나와 있다. 응답 받은 후 데이터의 에러가 없다면 응답 패킷 중 DATA 부분에 해당하는 것을 읽어서 연산을 수행하면 될 것이다. 응답 데이터는 ADC 변환된 값으로 사용자가 필요에 의하여 계산하여 사용하도록 한다.

프로그램 Check Sum 함수

```
unsigned char check_sum(uint8_t len,uint8_t *data)
{
        unsigned char  i, tmp=0;
        for(i=0 ; i<len ; i++)      tmp += *(data+i);    // 데이터를 더한다.
        tmp = ~tmp;                                      // 더한값을 not
        tmp = tmp + 1;                                   // 더하고 not 후 다시 1을 더한다.
        return tmp;
}
```

프로그램 ADC 함수 (PSD 센서 모듈 프로세서에 포함됨)

```
unsigned int adc_h;          // ADC Hi data
unsigned int adc_l;                 // ADC Low data
unsigned char adc_flag;             // ADC interrupt flag
unsigned char PSD[12];

ISR(ADC_vect)                // ADC Interrupt vect
{
        adc_l = ADCL;        // ADC Low data
        adc_h = ADCH;        // ADC High data
        adc_flag = 1;
}

void getadc(unsigned char channel)
{
        ADCSRA = 0x9E;
            // ADC Enable, Free running mode, ADC Interrupt Flag
            // ADC Interrupt En, ADC prescaler 64 division
        ADMUX = 0x40 | channel;
          // AVCC with external capacitor at AREF pin
        adc_flag = 0;
        ADCSRA = 0xDE;
            // ADC Enable, conversion start, Free running mode, ADC Interrupt Flag
            // ADC Interrupt En, ADC prescaler 64 division
        while(!(adc_flag));
        ADCSRA = 0x00;
}

int adc_conv(unsigned int val) // adc 값을 10진수로 변경
{
        float fval;
```

```
    int ival;
    fval = (float)val * 5.0 / 1023.0;
    ival = (int)(fval  * 100.0 + 0.5);
    return ival;
}

void read_adc(void)
{
    int adc_ch;
    int i=0;
    for(adc_ch = 0; adc_ch <7; adc_ch++)
    {
        getadc(adc_ch);
        adc_val = ((adc_h << 8) | adc_l);
        PSD[i] = adc_h;
        PSD[i +1] = adc_l;
        i +=2;
    }
}
```

프로그램 UART 통신 함수

```
void send_packet(uint8_t len, uint8_t* data)
{
    uint8_t i,tmp;
    for(i=0;i<len;i++)
    {
        tmp = *(data+i);
        while( !(UCSR0A&(1<<UDRE0)) );
        UDR0 = tmp;
    }
}
```

프로그램 UART 통신 수신 인터럽트

```
ISR(USART0_RX_vect)          // uart Rx interrupt
{
    unsigned char temp;
    read_psd_flag = 1;
    temp = UDR0;
    switch(temp)
    {
        case SOF:
          if(rx_packet.status != true)
          {
                rx_packet.status = true;
                rx_packet.pos = 0;
                rx_packet.data[rx_packet.pos++] = temp;
          }
          else
          {
                rx_packet.data[rx_packet.pos++] = temp;
          }
          break;
        default :
          if(rx_packet.status)
          {
                rx_packet.data[rx_packet.pos++] = temp;
                if( rx_packet.pos > TOTAL_RX_LENGTH)
                {
                        rx_packet.status = false;
                        rx_packet.pos = 0;
                        rx_packet.full_flag = false;
                }
```

```
			}
			break;
		}
		if(rx_packet.pos == TOTAL_RX_LENGTH)
		{
				rx_packet.full_flag = true;
		}
}
```

● 소스

프로그램 Main 함수

```
#include <stdio.h>
#include <avr/io.h>
#include <string.h>
#include <util/delay.h>
#include <avr/interrupt.h>
#include <stdbool.h>

// 함수 원형 선언
void LCD_DW(unsigned char DataByte);
void LCD_CW(unsigned char CmdByte);
void LCD_Move(int line, int column);
void LCD_Puts(char *string);
void LCD_init();

unsigned char check_sum(uint8_t len,uint8_t *data);
void uart0_putch( unsigned char data );
void uart0_sendstring( char* string );
void uart0_printf(char *fmt,...);
```

```
void send_packet(uint8_t len, uint8_t* data);
void send_psd_cmd(void);
void read_psd_data(void);

// LCD 관련 매크로
#define LCD_OutDDR          DDRG
#define LCD_OutPort         PORTG          // Control Out
#define LCD_OutData         PORTC          // Data Out

#define SIG_RS_VAL          0x04
#define SIG_RW_VAL          0x02
#define SIG_E_VAL           0x01

// comunication cmd
#define TOTAL_TX_COMMAND_LEGNTH          3
#define TOTAL_RX_LENGTH                  16
#define TOTAL_RX_DATA_LENGTH             12
#define SOF                        0xFF
#define PSD_CMD                    0x01
#define PSD_REQ_CMD                0x02
#define PSD_NACK                   0x03



typedef struct
{
        unsigned char sof;
        unsigned char cmd;
        unsigned char length;
        unsigned char c_sum;
}com_tx;
```

```
typedef struct
{
        unsigned char status;
        unsigned char data[TOTAL_RX_LENGTH];
        unsigned char pos;
        unsigned char full_flag;
}com_rx;

typedef struct
{
        unsigned char sof;
        unsigned char cmd;
        unsigned char length;
        unsigned char data[TOTAL_RX_DATA_LENGTH];
        unsigned char c_sum;
}rxdata;

com_rx rx_packet;        // 인터럽트로 들어오는 rx packet
com_tx psd_cmd;
rxdata rx_data;

char read_psd_flag;
volatile unsigned int psd[6];
unsigned int str1[3];
unsigned int str2[3];

int main(void)
{
    cli();
    DDRC = 0xff;  // PC0 ~ PC7 LCD DATA 신호 출력
```

```
    DDRG = 0x07; // PG0, PB1, PG2 LCD 신호 출력
    UCSR0A=0x02;
    UCSR0B=0x98;
    UCSR0C=0x06;
    UBRR0H=0x00;
    UBRR0L=0x10;            //115200bps
    LCD_init();             // lcd 초기화
    sei();
    while(1)
    {
        LCD_CW(0x01);               // LCD Clear
        read_psd_data();
        sprintf(str1, "%3d, %3d, %3d", psd[0], psd[1], psd[2]);
        sprintf(str2, "%3d, %3d, %3d", psd[3], psd[4], psd[5]);
        LCD_Puts(str1);
        LCD_Move(2,1);
        LCD_Puts(str2);
        _delay_ms(200);
    }
}
```

③ 과제

6개의 PSD 센서의 값을 통신을 통하여 읽은 다음 Text LCD에 그 값을 표시하는 프로그램을 작성하시오. LCD 표시 방법은 Cm 단위로 나타내며 맨 첫줄 두 칸에 하나씩 센서의 값을 표시하시오. 센서값 표시 시 각 센서값 사이는 한 칸 띄우도록 한다.(단 센서의 전압 출력과 거리의 특성은 GP2Y0A41SK0F.pdf (데이터 시트)를 참조한다)

5.4.3 과제 실습 보고서

실습 제목		날 짜	년 월 일
학과 및 학년		실습조	
실습자 학번		실습자 성명	

● 과제 실습 결과

과제명	결 과

● 고찰

고 찰

5.5 금속 감지 센서(근접 센서)를 이용한 금속 라인 검출

학습 목표

◈ 금속 감지 센서 (근접 센서)를 이용하여 금속 라인 검출 방법을 학습 한다.

5.5.1 실습 준비물

① Core-MMR 본체

② MK-II ISP

③ 통합개발환경(IDE)인 AVR Studio가 설치된 PC

5.5.2 금속 감지 센서를 이용한 금속 라인 검출 실습

1) 금속 감지 센서(근접 센서) 센서 관련 이론

근접 센서는 기존의 마이크로 스위치나 리미트 스위치처럼 기계적인 접촉에 의한 검출 방식이 아니라, 검출 물체의 접근을 비접촉으로 검출할 수 있는 센서이며 크게 3가지 방식으로 나눌 수 있다. 검출 방식은 전자 유도를 이용하여 검출하는 고주파 발진형, 자석을 이용한 자기형, 검출 물체와 센서 사이의 정전 용량의 변화를 검출하는 정전 용량형이 있다. 그중 고주파 발진형 근접 센서는 검출 코일에서 발생하는 고주파 자계 내에 검출물체(자성 금속)가 접근하면 전자 유도 현상에 의해 근접 물체 표면에 유도 전류(와전류라고 부르기도 함)가 흘러 검출 물체(자성금속)내에 에너지 손실이 발생하게 된다. 이 유도 전류(와전류)에 의해 에너지 손실이 발생하게 되면 검출 코일에서 발생하는 발진 진폭이 감소 또는 정지하게 되는데 이 진폭의 변화량을 이용하여 검출 물체 유・무를 판별한다. 유도 전류로 인한 열손실로 검출하므로 전류가 흐르지 않는 비금속은 검출이 불가능하다.

동작은 근접센서에 전원을 투입하면 약 60ms 이내에 전압의 진동폭이 일정한 주파수대로 올라가며, 이때 전기적인 자장이 형성된다. 이후 검출 물체가 접근하면 검출물체 표면에 유도전류(와전류)가 증가하여 전압의 진동 폭이 작아지게

되고 완전히 검출 된 상태가 되면 0V에 가깝게 된다. 이 미소한 전압의 진동 폭을 증폭시켜 출력부를 동작시킨다.

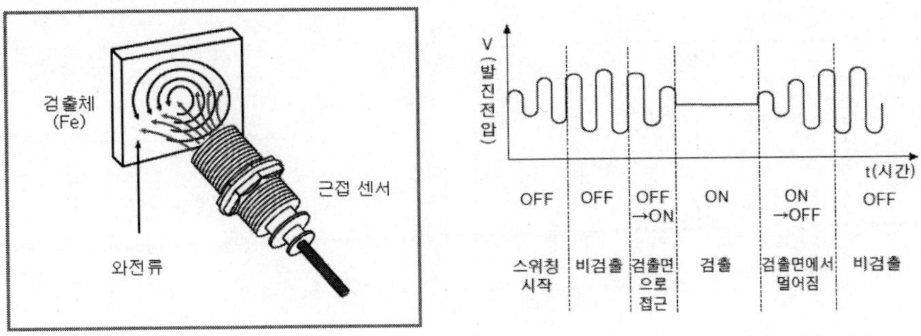

[그림 91] 근접센서의 검출 원리

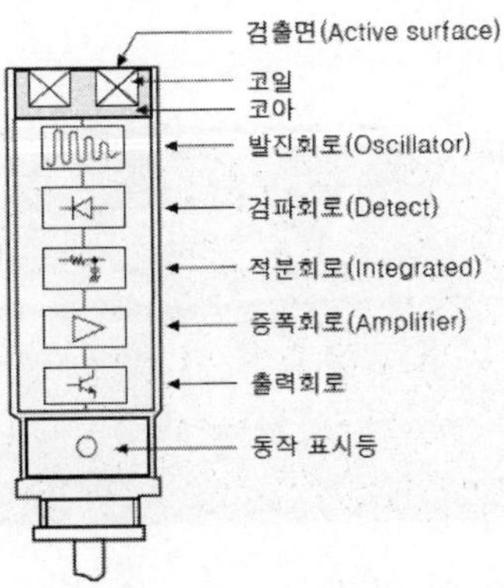

[그림 92] 근접 센서 구성도

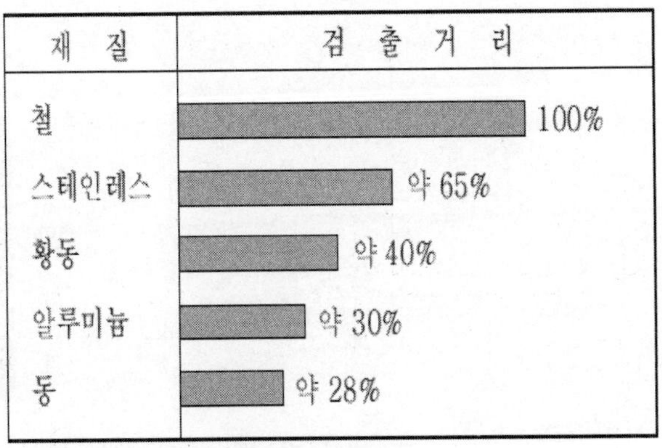

[그림 93] 검출 물체의 재질에 따른 검출거리

2) 금속 감지 센서를 이용한 금속 라인 검출

① 회로

Core-MMR 로봇에는 Bottom면 앞부분에 금속 감지 센서가 1개 존재 한다. 금속 감지 센서는 전원과 신호선만 연결되어 있다. 센서의 신호선은 PORTE.4에 연결되어 있다. PORTE.4는 일반 포트로도 사용되어지지만 외부 인터럽트 (INT4)로도 사용되어진다. 센서에서 검출 여부를 확인 시 일반 포트로 폴링방법을 사용하거나, 외부 인터럽트를 사용할 수 있다.

사용되어진 센서는 직류 3선식 NPN 출력 타입으로, 전원 입력 후 금속이 감지되지 않으면 High, 금속이 감지되면 Low의 신호를 메인 프로세서 쪽으로 보내준다. 검출 물체의 재질은 자성금속(철)이며, 비자성 금속(알루미늄등)일 경우 검출거리가 떨어지므로 주의하여 사용하여야 한다.

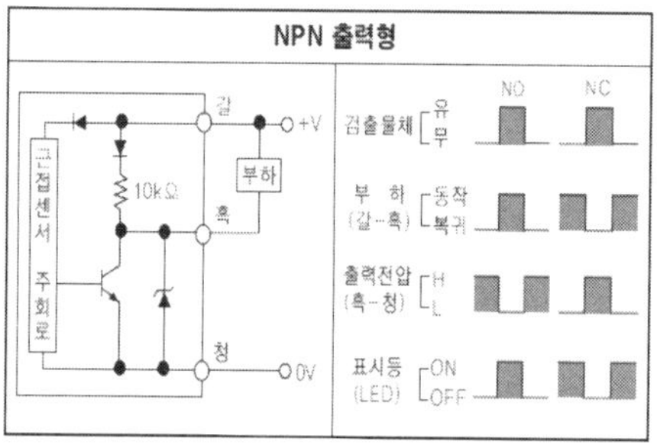

[그림 94] 근접 센서 출력 회로

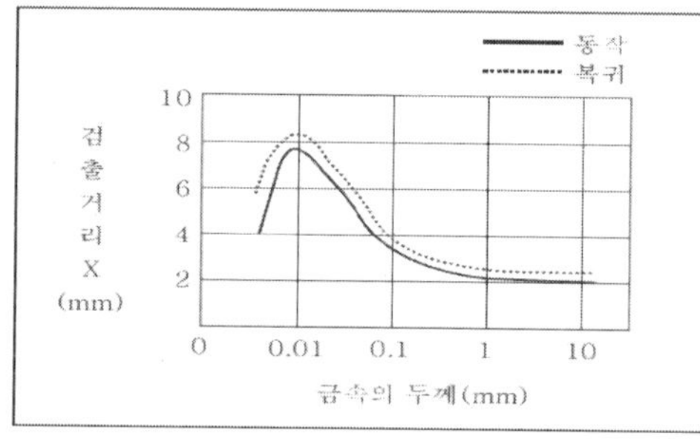

[그림 95] 근접센서 검출거리(알루미늄)

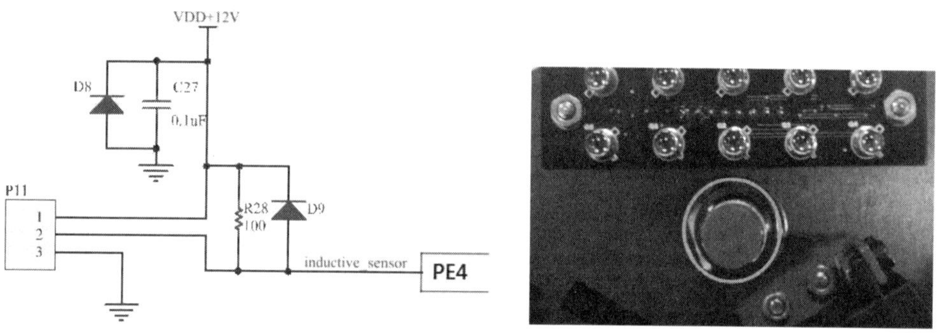

[그림 96] 금속 감지 센서 회로 및 위치

② 실습

㉠ 폴링 방식을 이용하여 금속센서에 감지가 되면 부저를 울리는 프로그램을 작성하시오.

● 소스

프로그램

```
#include <stdio.h>
#include <avr/io.h>
```

```
void main(void)
{
        DDRB |= 0x01;        // buzzer 출력
        DDRE |= 0x00;        // 근접센서 입력

        while(1)
        {
                if(~PINE & 0x10)    PORTB = 0x01;  // 감지되면 부저 ON
                else        PORTB = 0x00;          // 미 감지시 부저 OFF
        }
}
```

③ 과제

- 외부 인터럽트 방식을 이용하여 금속센서에 감지가 되면 부저를 울리는 프로그램을 작성하시오.

4.5.3 과제 실습 보고서

실습 제목		날 짜	년 월 일
학과 및 학년		실습조	
실습자 학번		실습자 성명	

● 과제 실습 결과

과제명	결 과

● 고찰

고 찰

Ⅲ. 제 3 장 함수를 활용한 응용 예제

1 PSD 센서를 활용한 벽 타기 기초

1.1 PSD 센서를 활용한 벽 타기

1.1.1 기본 맵(MAP)

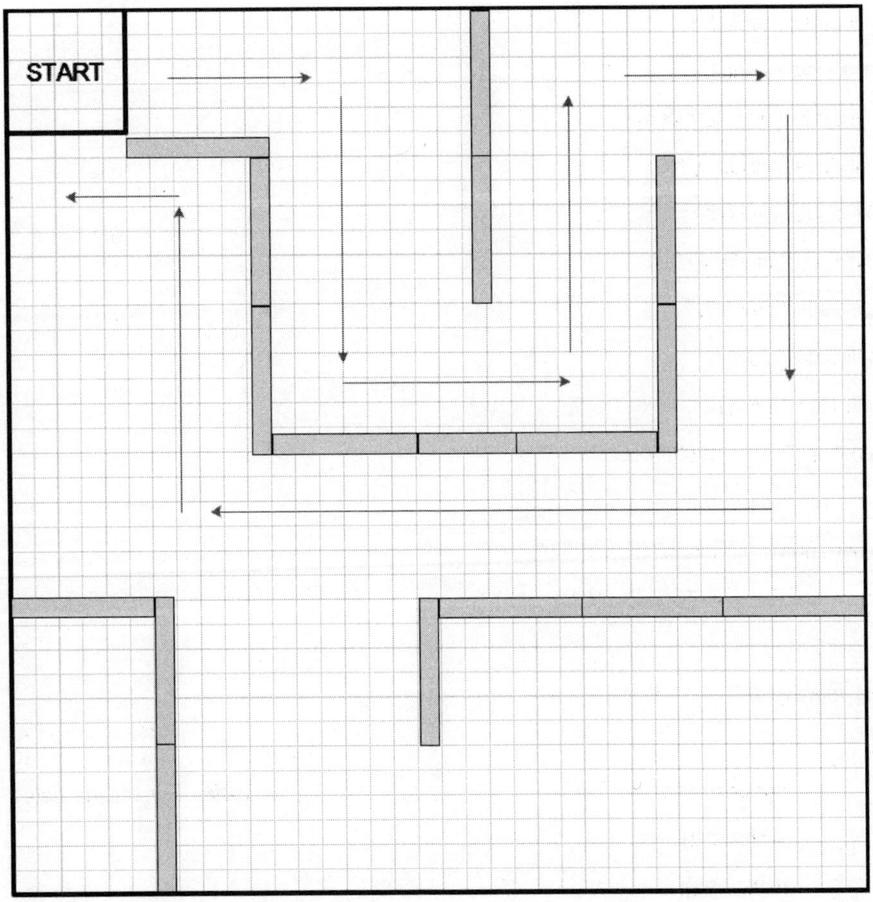

- 경기장 사이즈 : 1800mm x 1800mm
- 블록 사이즈 : 300mm x 20mm x 60mm(이상)

- PSD 센서를 활용한 벽 타기는 로봇이 start 지점에서 출발하여 벽으로 이루어진 구간을 화살표 방향과 같은 경로로 주행하고, Start 지점 앞에서 정지하는 과제이다. 이때 PSD 센서정보를 활용하여 벽면에 충돌하지 않고 목표 지점까지 주행하여 도착하는 것이 과제의 목표이다.

1.1.2 PSD 센서를 활용한 벽타기 소스

프로그램 Main 구문

```
#include <stdio.h>
#include <avr/io.h>
#include <string.h>
#include <avr/interrupt.h>
#include <util/delay.h>
#include <stdbool.h>
#include "interface.h"
#include "sensor.h"
#include "motor.h"
#include "move.h"
#define F_CPU 16000000UL

char *ptVer = "Core-MMR Ver 2.0";
char *ptPrompt = "[CoreOne]# ";

int main(void)
{
        unsigned char bat_det;                      // battey low voltage detect
        systeminit();
        motor_init();
        timer_init();
        LCD_init();
```

```
        Beep(20000);
        _delay_ms(150);
        Beep(20000);
        sei();
        LCD_Puts("Hello");
        LCD_Move(2,1);
        LCD_Puts(ptVer);

        while(1)
        {
                bat_det = PINF & 0x08;
                if(bat_det == 0x00) BUZZER_ON();    // 배터리가 7.4V 이하면 부저를 울림
                else BUZZER_OFF();

                if(SW1)  sw1_mode_flag = 1;
                if(SW2)  sw2_mode_flag = 1;
                if(sw1_mode_flag == 1)                   // sw1이 눌려졌을 때 동작
                {
                    wall_following_demo();               // 우측 벽 감지하여 벽타기
                    sw1_mode_flag = 0;
                    // 동작 완료 후 다음 스위치가 눌러지면 동작을 할 수 있도록 초기화
                }
                if(sw2_mode_flag == 1)                   // sw2가 눌려졌을 때 동작
                {
                    motor_all_stop();          // 모든 모터를 STOP, 정지
                    sw2_mode_flag = 0;
                   // 동작 완료 후 다음 스위치가 눌러지면 동작을 할 수 있도록 초기화
                }
        }
}
```

- 메인 구문에서는 항상 스위치의 입력이 들어오는지 대기하고 있는다. 이때 스위치 입력이 들어오면 (SW1이 눌려지면) PSD 센서를 활용한 벽타기 함수(wall_following_demo())를 수행 하여 동작한다. 동작이 완료되면 플래그(예 : sw1_mode_flag = 0)를 리셋하여, 메인 구문에서 다음 명령이 들어 올 때까지 대기한다.

프로그램 PSD 센서를 활용한 벽타기 함수 부분

```
void wall_following_demo(void)
{
        non_Holonomic(400,0,0);          // 벽타기 위하여 일부 직진
        distance(0, 20);                 // 약 20Cm 직진 후 정지
        while(1)
        {
            read_psd_data();             // psd 값을 읽어옴
            _delay_ms(20);
            psd_conv_cm(); // psd 값을 읽어와 Cm로 변환

            if( psd_d[0] <= 15)          // 앞에 장애물이  근처 있을 때
                {
                        if(psd_d[1] < 20)              // 우회전
                        {
                                non_Holonomic(0,0,-150);
                                distance(-40,2);
                                _delay_ms(10);
                        }
                        if(psd_d[1] >= 20)             //좌회전
                        {
                                non_Holonomic(0,0,150);
                                distance(40,2);
                                _delay_ms(10);
```

```
                }

        }
        if(psd_d[0] > 15)      // 앞에 장애물이 근처 없을때
        {
                if (psd_d[1] <= 5)                  // 좌측 센서 5Cm 이하
                {
                        non_Holonomic(0,0,-150);
                        distance(-1,1);         // 약 1도 정도 회전
                }
                else if(psd_d[5] <= 5)              // 우측 센서 5Cm 이하
                {
                        non_Holonomic(0,0,150);
                        distance(1,1);          // 약 1도 정도 회전
                }
                else non_Holonomic(400,0,0);

        }
        if(SW2)    // test용
        {
                motor_all_stop();
                break;
        }
    }
}
```

- PSD 센서를 활용하여 벽타기 데모 함수이다. 이는 예를 들어 작성한 알고리즘 이므로 언제든지 사용자가 원하는 구문으로 대체하여 작성하여도 무방하다. 기본 함수는 위에서 설명 하였으므로 언급하지 않도록 한다. 다만 PSD 센서의 감지 범위가 4Cm 이상일 때 정상적인 감지를 하므로 주의하여야 한다.

- PSD 센서를 활용하여 벽타기 함수는 크게 두 가지로 구분 하였다. 앞에 장애물이 있을 때와 장애물이 없을 때이다. 만일 장애물이 15cm 이하 근처에 있고 좌측센서(PSD 1번)가 감지한 값이 20Cm 이하에 있을 때 로봇은 우회전을 한다. 이는 우측과 앞쪽이 막혀 있는 상황이다. 만일 20cm 이상이면 벽이 없다고 판단하여 로봇은 좌회전을 한다. 앞에 장애물이 없는 경우 좌측 센서가 5cm 이하로 장애물을 감지하면 좌측에 벽이 있으므로 로봇은 충돌을 피하기 위하여 오른쪽으로 약간 회전을 하며 반대의 경우도 마찬가지이다. 이런 알고리즘을 이용하여 로봇은 PSD 센서를 활용하여 벽타기를 완료할 수 있다.

1.1.3 과제 실습 보고서

실습 제목		날 짜	년 월 일
학과 및 학년		실습조	
실습자 학번		실습자 성명	

● 과제 실습 결과

과제명	결 과

● 고찰

고 찰

2 IR 센서를 활용한 라인 타기 기초

2.1 IR 센서를 활용한 라인 타기

2.1.1 기본 맵(MAP)

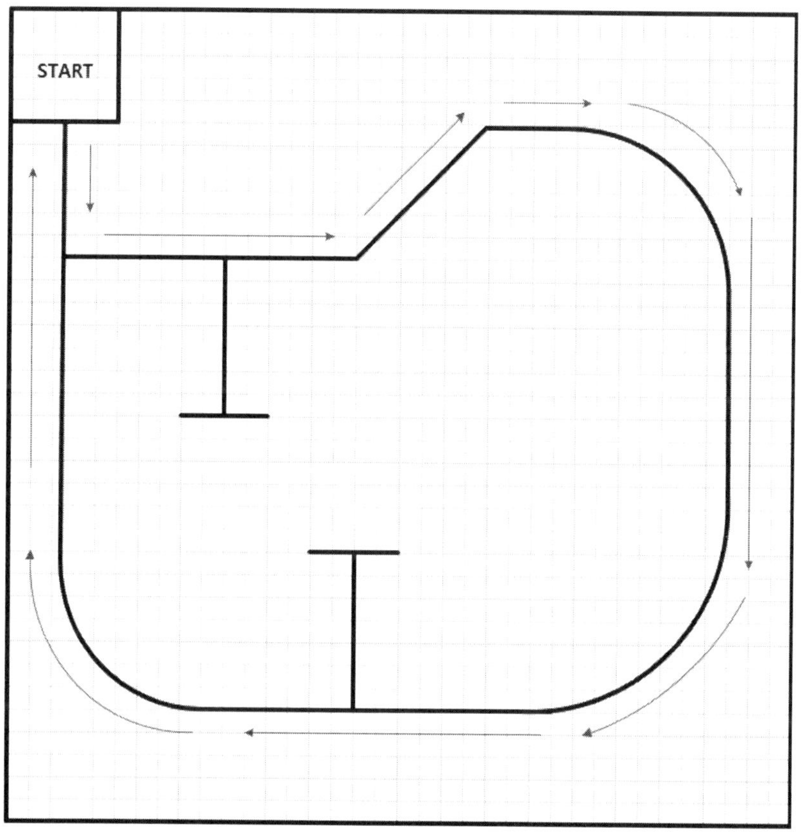

- 경기장 사이즈 : 1800mm x 1800mm
- 라인 사이즈 : 폭 20mm 정도의 검은색 라인
- IR 센서를 활용한 벽 타기는 로봇이 start 지점에서 출발하여 검은색 라인으로 이루어진 구간을 화살표 방향과 같은 경로로 주행하고, Start 지점 앞에서 정지하는 과제이다. 이때 IR 센서정보를 활용하여 라인을 이탈하지 않고 목표 지점까지 주행하여 도착하는 것이 과제의 목표이다.

2.1.2 IR 센서를 활용한 라인 타기 소스

프로그램 Main 구문

```
#include <stdio.h>
#include <avr/io.h>
#include <string.h>
#include <avr/interrupt.h>
#include <util/delay.h>
#include <stdbool.h>
#include "interface.h"
#include "sensor.h"
#include "motor.h"
#include "move.h"
#define F_CPU 16000000UL

char *ptVer = "Core-MMR Ver 2.0";
char *ptPrompt = "[CoreOne]# ";

int main(void)
{
        unsigned char bat_det;                          // battey low voltage detect
        systeminit();
        motor_init();
        timer_init();
        LCD_init();
        Beep(20000);
        _delay_ms(150);
        Beep(20000);
        sei();
        LCD_Puts("Hello");
        LCD_Move(2,1);
```

```
        LCD_Puts(ptVer);

        while(1)
        {
                bat_det = PINF & 0x08;
                if(bat_det == 0x00) BUZZER_ON();   // 배터리가 7.4V 이하면 부저를 울림
                else BUZZER_OFF();

                if(SW1)   sw1_mode_flag = 1;
                if(SW2)   sw2_mode_flag = 1;
                if(sw1_mode_flag == 1)                    // sw1이 눌려 졌을때 동작
                {
                    line_following_demo();                // 라인을 감지하여 라인타기
                    sw1_mode_flag = 0;
                    // 동작 완료 후 다음 스위치가 눌러지면 동작을 할 수 있도록 초기화
                }
                if(sw2_mode_flag == 1)                    // sw2가 눌려 졌을 때 동작
                {
                    motor_all_stop();            // 모든 모터를 STOP, 정지
                    sw2_mode_flag = 0;
                   // 동작 완료 후 다음 스위치가 눌러지면 동작을 할 수 있도록 초기화
                }
        }
}
```

- 메인 구문에서는 항상 스위치의 입력이 들어오는지 대기하고 있는다. 이때 스위치 입력이 들어오면 (SW1이 눌려지면) IR 센서를 활용한 라인타기 함수(line_following_demo())를 수행하여 동작 한다. 동작이 완료되면 플래그(예 : sw1_mode_flag = 0)를 리셋하여, 메인 구문에서 다음 명령이 들어 올 때까지 대기한다.

프로그램 IR 센서를 활용한 라인 검출 함수

```
unsigned char line_pos = CENTER;
unsigned char line_dect(void)
{
        // return 0 : 라인 검출
        // return 1 : 가로라인 검출
        // return 2 : 라인 미검출
        //라인 감지 low, 라인 미감지 high  실제 감지되면 (흰색) high, 감지 안되면(흰색외) low 신호나옴 .
        unsigned char ir_RR, ir_RC, ir_CC, ir_LC, ir_LL;     // IR sensor의 해당 변수
        unsigned char ir;                                     // 읽어온 IR 센서 값  임시 저장 변수
        unsigned char i;

        ir = read_ir();                                       // IR sensor read
        ir_RR = ir & 0x01;                                    // IR right check
        ir_RC = ((ir >> 1) & 0x01);                           // IR right center check
        ir_CC = ((ir >> 2) & 0x01);                           // IR center check
        ir_LC = ((ir >> 3) & 0x01);                           // IR left center check
        ir_LL = ((ir >> 4) & 0x01);                           // IR left check

        // 미검출
        if(ir_RR == 1 && ir_RC == 1 && ir_CC == 1&& ir_LC == 1&& ir_LL == 1)
        {
                line_pos = CENTER;
                return 0;
        }
        // 가로 라인 검출
        else if(ir_LL == 0 && ir_LC == 0 && ir_CC == 0 && ir_RC == 0 && ir_RR== 0)
        // 전부 다 검출
        {
                line_pos = CENTER;
                return 1;
```

```
}
// 왼쪽 라인 미검출 오른쪽 라인 검출  오른쪽에 라인 있음
else if((ir_LL == 1 && ir_LC == 1 && ir_CC == 0 && ir_RC == 0 && ir_RR==0)
    ||(ir_LL == 1 && ir_LC == 0 && ir_CC == 0 && ir_RC == 0 && ir_RR== 0)
{
        line_pos = RI2_CEN;
        return 2;
}
// 왼쪽 라인 검출  오른쪽 라인 미검출
else if ((ir_LL == 0 && ir_LC == 0 && ir_CC == 0 && ir_RC == 1 && ir_RR== 1)
    ||(ir_LL == 0 && ir_LC == 0 && ir_CC == 0 && ir_RC == 0 && ir_RR== 1))
{
        line_pos = RI2_CEN;
        return 3;
}
// 라인이 중앙인 경우
else if ((ir_LL == 1 && ir_LC == 0 && ir_CC== 0 && ir_RC == 0 && ir_RR == 1)
    || (ir_LL == 1 && ir_LC == 1 && ir_CC == 0 && ir_RC == 1 && ir_RR == 1))
{
        line_pos = CENTER;
        return 4;
}
else if(ir_LL == 1 && ir_LC == 1 && ir_CC== 0 && ir_RC == 0 && ir_RR == 1)
{
        line_pos = RI1_CENTER;
        return 4;
}else if(ir_LL == 1 && ir_LC == 0 && ir_CC== 0 && ir_RC == 1 && ir_RR == 1)
{
        line_pos = LI1_CENTER;
        return 4;
}
// 오른쪽에 라인이 검출된 경우
```

```
	else if(ir_LL == 1 && ir_LC == 1 && ir_CC == 1 && ir_RC == 0 && ir_RR == 1)
	{
		line_pos = RI1_CEN;
		return 5;
	}
	else if(ir_LL == 1 && ir_LC == 1 && ir_CC == 1 && ir_RC == 0 && ir_RR == 0)
	{
		line_pos = RI1_RI2;
		return 5;
	}
	else if(ir_LL == 1 && ir_LC == 1 && ir_CC == 1 && ir_RC == 1 && ir_RR == 0)
	{
		line_pos = RI2_CEN;
		return 5;
	}
	// 왼쪽에 라인이 검출된 경우
	else if(ir_LL == 1 && ir_LC == 0 && ir_CC == 1 && ir_RC == 1 && ir_RR == 1)
	{
		line_pos = LI1_CEN;
		return 6;
	}
	else if(ir_LL == 0 && ir_LC == 0 && ir_CC == 1 && ir_RC == 1 && ir_RR == 1)
	{
		line_pos = LI1_LI2;
		return 6;
	}
	else if(ir_LL == 0 && ir_LC == 1 && ir_CC == 1 && ir_RC == 1 && ir_RR == 1)
	{
		line_pos = LI2_CEN;
		return 6;
	}
}
```

프로그램 IR 센서를 활용한 라인 타기 함수 부분

```
void line_following_demo(void)
{
        unsigned int line_det = 0;
        unsigned int temp = 0;
        non_Holonomic(400,0,0);      // 출발하여 라인이 있는 곳까지
        distance(0, 10);             // 약 10Cm 직진 후 정지
        while(1)
        {
                line_det = line_dect();
                if(line_det == 0)   motor_all_stop();      // 라인 미검출시 정지
                else if(line_det == 4)                     // 가운데만 라인이 있을 경우
                {
                        non_Holonomic(400,0,0);     // 직진
                }
                else if(line_det == 5)      // 오른쪽에 라인이 존재할 경우 오른쪽으로 이동
                {
                        non_Holonomic(0,0,-120);  // 우측으로 이동
                        distance(-1,1);
                }
                else if(line_det == 6)      // 왼쪽에 라인이 존재할 경우 왼쪽으로 이동
                {
                        non_Holonomic(0,0,120);   // 왼쪽으로 이동
                        distance(1,1);
                }
                else if(line_det == 1)      // 가로라인 전부 검출
                {
                        motor_all_stop();           // 모터 정지
                        Beep(20000);                // 부저 on
                }
```

```
else if(line_det == 3)  // 왼쪽 가로라인 검출 시
{
    motor_all_stop();        // 일단 정지
    _delay_ms(500);
    while(1)
    {
        line_det = line_dect();
        if(line_det == 4)        // 회전하여 가운데 들어오면
        {
                motor_all_stop();
                break;
        }
        non_Holonomic(0,0,120);   // 라인이 가운데가 아닐 경우 계속 회전
        }
}
else{}
/*// 오른쪽 가로라인 검출시 회전 , 현재 맵에서는 필요 없음
else if(line_det == 2)                // 오른쪽 가로라인 검출 시
{
    motor_all_stop();
    _delay_ms(500);
    while(1)
    {
        line_det = line_dect();
        if(line_det == 4)        // 회전하여 가운데 들어올 때까지
        {
                motor_all_stop();
                break;
        }
        non_Holonomic(0,0,-150);
    }
```

```
        }
*/
                if(SW2)    // test용
                {
                        motor_all_stop();
                        break;
                }
        }
}
```

- IR 센서를 활용하여 라인 타기 데모 함수이다. 이는 예를 들어 작성한 알고리즘이므로 언제든지 사용자가 원하는 구문으로 대체하여 작성하여도 무방하다. 기본 함수는 위에서 설명 하였으므로 언급하지 않도록 한다. IR 센서의 경우 경기장의 조명 및 빛의 감도에 따라 약간의 조정이 필요하다. 이는 로봇의 가변저항(IR_sensor Cal)을 조정하여 IR 센서의 감도를 조절하도록 한다.

[그림 97] 감지 및 감도조절

- IR 센서를 활용하여 라인 타기 함수는 라인 미검출 시, 라인이 가운데 있는 경우, 중앙에서 오른쪽 또는 왼쪽에 있는 경우, 왼쪽 가로 라인 검출시에 대하여 알고리즘을 구현하였다. start 지점에서 라인 검출을 위하여 얼마간 직진 후 라인이 검출되면 맵에 적용된 알고리즘에 따라 로봇이 이동을 한다. 라인이 가운데 있을 경우(IR 센서 2,3,4번 내에서 감지) 직진을 우선으로 하며, 라인이 오른쪽 편이 있는 경우는 로봇의 이동이 왼쪽으로 틀어진 경우이므로 오른쪽으로 약간 회전을 하여 방향을 중앙에 위치하게 한다. 라인이 왼쪽에 있는 경우는 오른쪽으로 틀어진 경우이므로 왼쪽으로 약간 회전을 하

여 방향을 잡는다. 왼쪽 가로 라인검출의 경우 맵에서 왼쪽으로 회전하여 이동 하여야 함으로 왼쪽으로 90도 회전을 하고, 라인이 로봇의 중앙에 위치하였을 때 직진을 하도록 되어 있다. 만일 크로스 지점을 만날 경우 정지하여 부저를 울리게 되어 있다. 이런 알고리즘을 통하여 라인이 가운데 있을 경우 직진 하며 우측에 있을 경우 경로 보정을 위하여 우측으로 약간 회전, 좌측에 있을 경우 경로 보정을 위하여 좌측으로 약간 회전, 좌측 가로 라인 검출시 왼쪽으로 90도 회전을 하면서 이동을 한다.

2.1.3 과제 실습 보고서

실습 제목		날 짜	년 월 일
학과 및 학년		실습조	
실습자 학번		실습자 성명	

● 과제 실습 결과

과제명	결 과

● 고찰

고 찰

3 PSD 및 IR 센서를 활용한 라인과 벽 타기 기초

3.1 PSD 및 IR 센서를 활용한 라인과 벽타기

3.1.1 기본 맵(MAP)

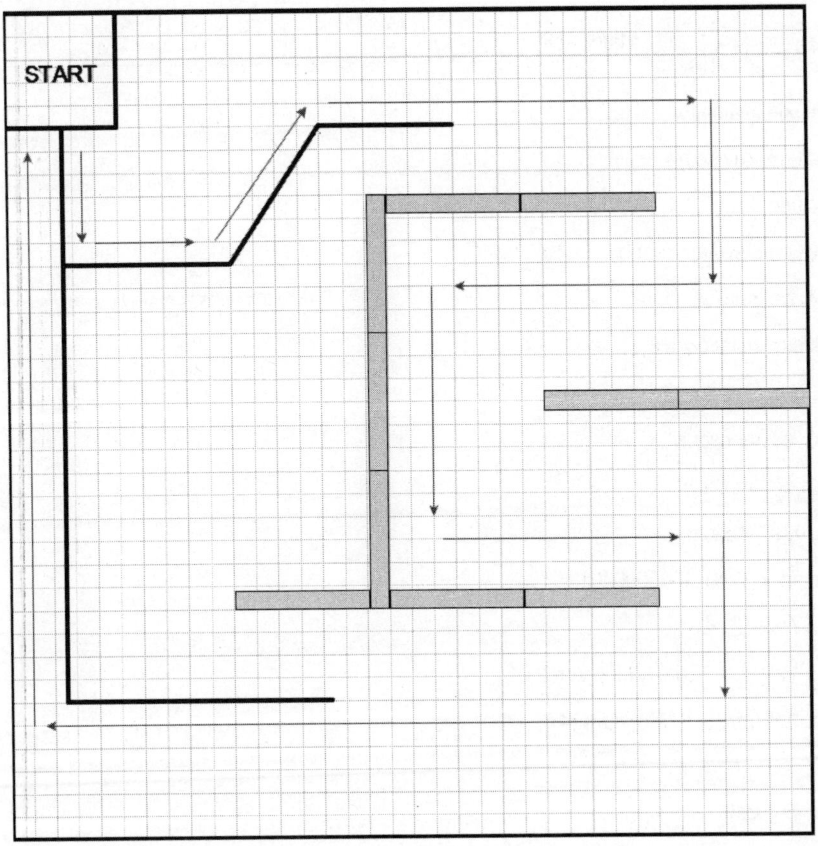

- 경기장 사이즈 : 1800mm × 1800mm
- 라인 사이즈 : 폭 20mm 정도의 검은색 라인
- 블록 사이즈 : 300mm × 20mm × 60mm(이상)
- 이 과제는 IR 센서 및 PSD 센서를 사용하여 라인 및 벽타기는 로봇이 Start 지점에서 출발하여 검은색 라인으로 이루어진 구간을 화살표 방향과 같은 경로로 주행하고, 만일 검은색 라인이 없을 경우 PSD 센서로 벽을 감지하여 화살표 방향으로 진행한다. 만일 다시 검은색 라인이 생긴다면 라인을 따라 이

동한다. 이때 PSD 센서 및 IR 센서를 활용하여 라인을 이탈하지 않고, 벽에 충돌하지 않으며 경로를 벗어나지 않고 목표 지점까지 주행하여 도착하는 것이 과제의 목표이다.

3.1.2 PSD 및 IR 센서를 활용한 라인 및 벽타기 소스

프로그램 Main 구문

```
#include <stdio.h>
#include <avr/io.h>
#include <string.h>
#include <avr/interrupt.h>
#include <util/delay.h>
#include <stdbool.h>
#include "interface.h"
#include "sensor.h"
#include "motor.h"
#include "move.h"
#define F_CPU 16000000UL

char *ptVer = "Core-MMR Ver 2.0";
char *ptPrompt = "[CoreOne]# ";

int main(void)
{
        unsigned char bat_det;                          // battey low voltage detect
        systeminit();
        motor_init();
        timer_init();
        LCD_init();
        Beep(20000);
        _delay_ms(150);
        Beep(20000);
```

```
        sei();
        LCD_Puts("Hello");
        LCD_Move(2,1);
        LCD_Puts(ptVer);

        while(1)
        {
                bat_det = PINF & 0x08;
                if(bat_det == 0x00) BUZZER_ON();    // 배터리가 7.4V 이하면 부저를 울림
                else BUZZER_OFF();

                if(SW1)  sw1_mode_flag = 1;
                if(SW2)  sw2_mode_flag = 1;
                if(sw1_mode_flag == 1)                  // sw1이 눌려졌을 때 동작
                {
                    line_wall_following_demo(); // 라인 및 벽을 감지하여 주행
                    sw1_mode_flag = 0;
                    // 동작 완료 후 다음 스위치가 눌려지면 동작을 할 수 있도록 초기화
                }
                if(sw2_mode_flag == 1)                  // sw2가 눌려졌을 때 동작
                {
                    motor_all_stop();            // 모든 모터를 STOP, 정지
                    sw2_mode_flag = 0;
                    // 동작 완료 후 다음 스위치가 눌려지면 동작을 할 수 있도록 초기화
                }
        }
}
```

- 메인 구문에서는 항상 스위치의 입력이 들어오는지 대기하고 있는다. 이때 스위치 입력이 들어오면 (SW1 이 눌려지면) IR 센서를 활용한 라인타기 함수(line_following_demo())를 수행하여 동작한다. 동작이 완료되면 플래그(예

: sw1_mode_flag = 0)를 리셋하여, 메인 구문에서 다음 명령이 들어 올 때까지 대기한다.

프로그램 IR 및 PSD 센서를 활용한 라인 및 벽타기 함수 부분

```
void line_wall_following_demo(void)
{
        unsigned int line_det = 0;
        non_Holonomic(400,0,0);
        distance(0, 10);                    // 약 10Cm 직진 후 정지
        while(1)                            // 출발하여 라인이 있는 곳 까지
        {
            line_det = line_dect();
            if(line_det != 0)               // 라인 검출시 라인타기
            {
                if(line_det == 4)           // 가운데만 라인이 있을 경우
                {
                        non_Holonomic(400,0,0);
                }
                else if(line_det == 5)      // 오른쪽에 라인이 존재할 경우 오른쪽으로 이동
                {
                        non_Holonomic(0,0,-100);
                        distance(-1,1);
                }
                else if(line_det == 6)      // 왼쪽에 라인이 존재할 경우 왼쪽으로 이동
                {
                        non_Holonomic(0,0,100);
                        distance(1,1);
                }
                else if(line_det == 3) / 왼쪽 가로라인 검출 시
                {
```

```
        motor_all_stop();
        _delay_ms(300);
        non_Holonomic(0,0,100);         // 일단 회전
        distance(10,2);
        while(1)
        {
            line_det = line_dect();
            if(line_det == 4)       // 회전하여 가운데 들어올 때까지
            {
                motor_all_stop();
                break;
            }
            else
            {
                non_Holonomic(0,0,120);
            }
        }
    }
    else if(line_det == 2)  // 오른쪽 가로라인 검출 시
    {
        motor_all_stop();
        _delay_ms(300);
        non_Holonomic(400,0,0);
        distance(0, 3);
        while(1)
        {
            line_det = line_dect();
            // 앞쪽에 라인이 있으면
            if((line_det == 4) || (line_det == 5)||(line_det == 6))
            {
                motor_all_stop();
```

```
                                        break;
                                }
                                else
                                {
                                        non_Holonomic(0,0,-120);
                                }
                        }
                }
                else if(line_det == 1)                          // 가로라인 전부 검출
                {
                        Beep(20000);                                    // 부저 on
                        non_Holonomic(400,0,0);
                        distance(0, 20);
                        motor_all_stop();                       // 모터 정지
                        break;
                }
                else{}
        }

        else        // 라인 미 검출시 벽타기
        {
                read_psd_data();        // psd 값을 읽어옴
                _delay_ms(20);
                psd_conv_cm();          // psd 값을 읽어와 Cm로 변환
                if( psd_d[0] <= 15)         // 앞에 장애물이  근처 있을 때
                {
                        if((psd_d[1] < 25) && (psd_d[5] >25 )) // 우회전
                        {
                                non_Holonomic(0,0,-150);
                                distance(-40,2);          // 약 90도 정도 회전
                                _delay_ms(10);
```

```
                    }
                    if((psd_d[1] >= 25)   && (psd_d[5] < 25))  //좌회전
                    {
                              non_Holonomic(0,0,150);
                              distance(40,2);  // 약 90도 정도 회전
                              _delay_ms(10);
                    }
          }
          if(psd_d[0] > 15)      // 앞에 장애물이 근처 없을때
          {
                    if (psd_d[1] <= 5)        // 좌측 센서 5Cm 이하
                    {
                              non_Holonomic(0,0,-100);
                              distance(-1,1);          // 약 1도 정도 회전
                    }
                    else if(psd_d[5] <= 5)             // 우측 센서 5Cm 이하
                    {
                              non_Holonomic(0,0,100);
                              distance(1,1);           // 약 1도 정도 회전
                    }
                    else non_Holonomic(400,0,0);
          }
        }
    }
}
```

- IR 센서 및 PSD 센서를 활용하여 라인 및 벽타기 데모 함수이다. 이는 예를 들어 작성한 알고리즘이므로 언제든지 사용자가 원하는 구문으로 대체하여 작성하여도 무방하다. 기본 함수는 위에서 설명하였으므로 언급하지 않도록 한다. 다만 PSD 센서의 감지 범위가 4Cm 이상일 때 정상적인 감지를 하므로 주의하여야 한다. 또한 주변 환경에 따라 IR 센서의 감도가 변경될 수 있

으므로 감도 조절을 하여 센서가 먼저 인식하는지 확인하도록 한다.

- PSD 센서 및 IR 센서를 활용하여 라인 및 벽타기 함수는 라인 미검출시와 라인 검출시로 크게 구분하였다. 라인이 검출되는 경우에는 라인 미검출시, 가운데 있는 경우, 중앙에서 오른쪽 또는 왼쪽에 있는 경우, 왼쪽 가로라인 검출시에 대하여 알고리즘을 구현하였다. 이는 이전 라인타기 기초에서 수행한 바가 있다. start 지점에서 라인 검출을 위하여 얼마간 직진 후 라인이 검출되면 맵에 적용된 알고리즘에 따라 로봇이 이동을 한다. 라인이 가운데 있을 경우(IR 센서 2,3,4번 내에서 감지) 직진을 우선으로 하며, 라인이 오른쪽 편이 있는 경우는 로봇의 이동이 왼쪽으로 틀어진 경우이므로 오른쪽으로 약간 회전을 하여 방향을 중앙에 위치하게 한다. 라인이 왼쪽에 있는 경우는 오른쪽으로 틀어진 경우이므로 왼쪽으로 약간 회전을 하여 방향을 잡는다. 왼쪽 가로 라인검출의 경우 맵에서 왼쪽으로 회전하여 이동하여야 함으로 왼쪽으로 90도 회전을 하고, 라인이 로봇의 중앙에 위치 하였을 때 회전을 멈추고 직진을 하도록 되어 있다. 만일 크로스 지점을 만날 경우 정지하여 부저를 울리게 되어 있다. 이런 알고리즘을 통하여 라인이 가운데 있을 경우 직진하며 우측에 있을 경우 경로 보정을 위하여 우측으로 약간 회전, 좌측에 있을 경우 경로 보정을 위하여 좌측으로 약간 회전, 좌측 가로 라인 검출시 왼쪽으로 90도 회전을 하면서 이동을 한다. 만일 라인이 없는 경우는 PSD 센서를 활용하여 벽을 따라 주행을 한다. 이는 이전 PSD 센서를 활용한 벽타기 함수 기초에서 수행한 바 있다. 라인이 없을때 PSD 센서를 활용하여 벽타기 함수는 크게 두 가지로 구분하였다. 앞에 장애물이 있을 때와 장애물이 없을 때이다. 만일 장애물이 15cm 이하 근처에 있고 좌측센서(PSD 1번)가 감지한 값이 25cm 이하에 있을 때 로봇은 우회전을 한다. 이는 우측과 앞쪽이 막혀 있는 상황이다. 만일 25cm 이상이면 벽이 없다고 판단하여 로봇은 좌회전을 한다. 앞에 장애물이 없는 경우 좌측 센서가 5cm 이하로 장애물을 감지하면 좌측에 벽이 있으므로 로봇은 충돌을 피하기 위하여 오른쪽으로 약간 회전을 하며 반대의 경우도 마찬 가지이다. 이런 알고리즘을 이용하여 로봇은 PSD 센서를 활용하여 벽타기를 완료 할 수 있다. 이후 다시 라인이 나타나면 IR 센서를 사용하여 라인을 따라 로봇이 주행한다. 만일 start 지점에 도착하면 크로스 라인을 읽어 부저를 울리고 얼마간 직진 후 start 지점에 정지한다.

3.1.3 과제 실습 보고서

실습 제목		날 짜	년 월 일
학과 및 학년		실습조	
실습자 학번		실습자 성명	

● 과제 실습 결과

과제명	결 과

● 고찰

고 찰

4 라인 카운터를 활용한 로봇 제어

4.1 라인 카운터를 활용한 로봇 제어

4.1.1 기본 맵(MAP)

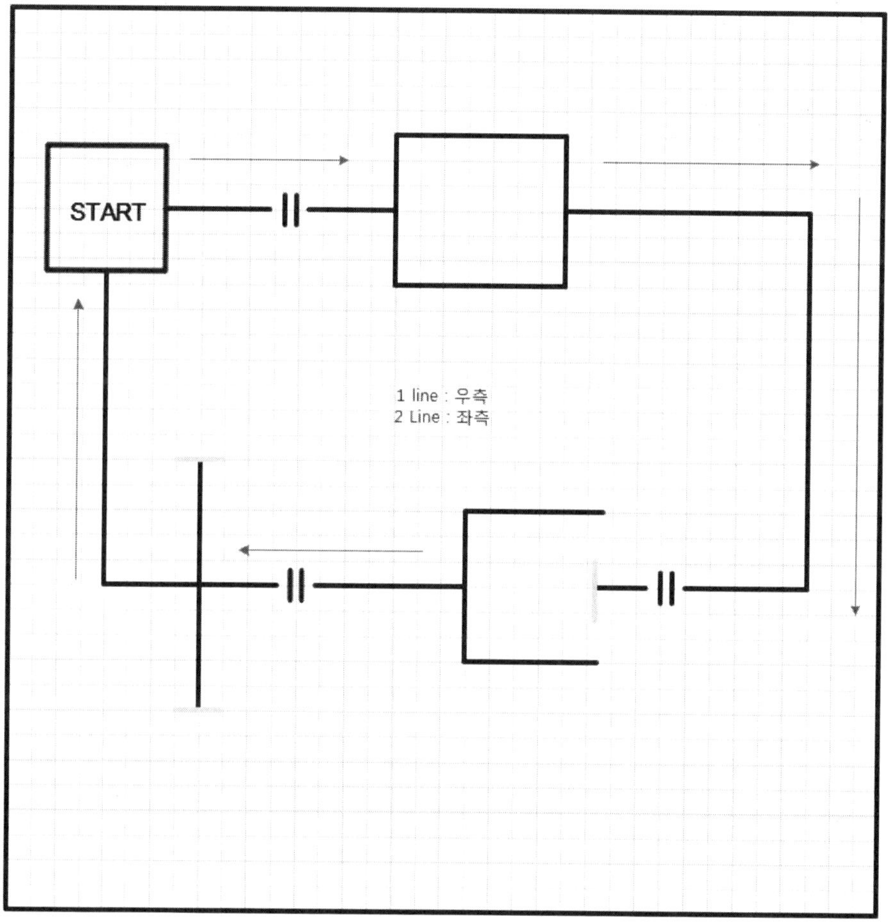

- 경기장 사이즈 : 1800mm × 1800mm
- 라인 사이즈 : 폭 20mm 정도의 검은색 라인, 폭 20mm 정도의 금속 라인
- 제의 목표이다.

4.1.2 라인카운터를 이용한 로봇 제어 소스

프로그램 Main 구문

```
#include <stdio.h>
#include <avr/io.h>
#include <string.h>
#include <avr/interrupt.h>
#include <util/delay.h>
#include <stdbool.h>
#include "interface.h"
#include "sensor.h"
#include "motor.h"
#include "move.h"
#define F_CPU 16000000UL

char *ptVer = "Core-MMR Ver 2.0";
char *ptPrompt = "[CoreOne]# ";

int main(void)
{
        unsigned char bat_det;                          // battey low voltage detect
        systeminit();
        motor_init();
        timer_init();
        LCD_init();
        Beep(20000);
        _delay_ms(150);
        Beep(20000);
        sei();
        LCD_Puts("Hello");
        LCD_Move(2,1);
```

```
        LCD_Puts(ptVer);
        while(1)
        {
                bat_det = PINF & 0x08;
                if(bat_det == 0x00) BUZZER_ON();   // 배터리가 7.4V 이하면 부저를 울림
                else BUZZER_OFF();

                if(SW1)  sw1_mode_flag = 1;
                if(SW2)  sw2_mode_flag = 1;
                if(sw1_mode_flag == 1)                    // sw1이 눌려졌을 때 동작
                {
                    line_counter_demo();                  // 라인을 감지하여 카운터
                    sw1_mode_flag = 0;
                    // 동작 완료 후 다음 스위치가 눌러지면 동작을 할 수 있도록 초기화
                }
                if(sw2_mode_flag == 1)                    // sw2가 눌려졌을 때 동작
                {
                    motor_all_stop();           // 모든 모터를 STOP, 정지
                    sw2_mode_flag = 0;
                   // 동작 완료 후 다음 스위치가 눌러지면 동작을 할 수 있도록 초기화
                }
        }
}
```

- 메인 구문에서는 항상 스위치의 입력이 들어오는지 대기하고 있는다. 이때 스위치 입력이 들어오면 (SW1이 눌려지면) IR 센서를 활용한 라인을 카운터하여 주행을 하는 함수(line_counter_demo())를 수행하여 동작한다. 동작이 완료되면 플래그(예 : sw1_mode_flag = 0)를 리셋하여, 메인 구문에서 다음 명령이 들어 올 때까지 대기한다.

프로그램 라인카운터를 이용한 로봇 제어 함수 부분

```
void line_counter_demo(void)
{
        unsigned int line_det = 0;        // 읽은 라인 값
        unsigned int line_cnt = 0;        // 라인 카운터
        unsigned int line_cnt_flag = 0;   // 라인 카운터 플래그
        unsigned int old_line = 0;
        unsigned int turn_dir = 0;        // 1 : 오른쪽  2 : 왼쪽
        unsigned int turn_flag = 0;       // 턴을 위한 플래그

        non_Holonomic(400,0,0);
        distance(0, 10);                  // 약 10Cm 직진 후 정지
        while(1)
        {
             line_det = line_dect();
             old_line = line_det;
             if(line_cnt_flag == 0)
           {
                  if(line_det == 1)       // 크로스 라인 검출 시
                   {  // 금속 감지 후 회전하여 직진 후 크로스 라인 만났을 때
                      if(turn_flag == 1)
                      {
                           if(turn_dir == 1)   // 오른쪽
                           {
                                      motor_all_stop();
                                      _delay_ms(100);
                                      non_Holonomic(350,0,0);
                                      distance(0, 3);
                                      non_Holonomic(0,0,-120);
                                      distance(-10, 3);
                                      while(1)
```

```
                        {
                                line_det = line_dect();
                                if(line_det == 4)       // 회전
                                {
                                        motor_all_stop();
                                        turn_dir = 0;
                                        turn_flag = 0;
                                        metalsensor_flag = 0;
                                        break;
                                }
                                else
                                {
                                        non_Holonomic(0,0,-120);
                                }
                }
        }
        else                    // 왼쪽
        {
                motor_all_stop();
                _delay_ms(100);
                non_Holonomic(350,0,0);
                distance(0, 3);
                non_Holonomic(0,0,120);
                distance(10, 3);
                while(1)
                {
                        line_det = line_dect();
                        if(line_det == 4)
                        {
                                motor_all_stop();
                                turn_dir = 0;
                                turn_flag = 0;
```

```
                                        metalsensor_flag = 0;
                                        break;
                                }
                                else
                                {
                                        non_Holonomic(0,0,120);
                                }
                        }
                }
        }
        else
        {
                while(1)
                {
                        line_det  = line_dect();
                        if( line_det != old_line)
                        {
                                if(line_det == 1)  // 두번째 라인 검출
                                {
                                        line_cnt = 2;
                                        turn_dir = 2;
                                        line_cnt_flag = 1;
                                        LED2_ON();
                                        non_Holonomic(400,0,0);  // 앞으로 직진
                                        distance(0, 4);
                                        break;
                                }
                        else if(line_det == 4)  // 한라인만 검출시
                        {
                                line_cnt = 1;
                                turn_dir = 1;
                                line_cnt_flag = 1;
```

```
                        LED1_ON();
                        break;
                    }
                    else non_Holonomic(400,0,0);
                    }
                else non_Holonomic(400,0,0);
                old_line = line_det;
                }
                non_Holonomic(400,0,0);
            }
    }
    else if(line_det == 2)                  / 오른쪽 가로라인 검출 시
    {
        motor_all_stop();
        _delay_ms(100);
        non_Holonomic(350,0,0);
        distance(0, 3);
        non_Holonomic(0,0,-120);
        distance(-10, 3);
        while(1)
        {
                line_det = line_dect();
                if(line_det == 4)       // 회전하여 가운데 들어올 때까지
                {
                    motor_all_stop();
                    break;
                }
                else
                {
                        non_Holonomic(0,0,-120);
                }
        }
```

```
}
else if(line_det == 3)                  // 왼쪽 가로라인 검출 시
{
    motor_all_stop();
    _delay_ms(100);
    non_Holonomic(350,0,0);
    distance(0, 3);
    non_Holonomic(0,0,120);
    distance(10, 3);
    while(1)
    {
            line_det = line_dect();
            if(line_det == 4)       // 회전하여 가운데 들어올 때까지
            {
                    motor_all_stop();
                    break;
            }
            else
            {
                    non_Holonomic(0,0,120);
            }
    }
}
else if(line_det == 5)      // 오른쪽에 라인존재의 경우 오른쪽으로 이동
{
        non_Holonomic(0,0,-90);
        distance(-1,1);
        }
else if(line_det == 6)      // 왼쪽에 라인이 존재할 경우 왼쪽으로 이동
{
        non_Holonomic(0,0,90);
        distance(1,1);
```

```
                }
                else
                {
                        if((metalsensor_flag == 1) && (turn_flag == 0))
                        {
                                motor_all_stop();
                                _delay_ms(100);
                                while(1)
                                {
                                        line_det = line_dect();
                                        if(line_det == 4)
                                        {
                                                motor_all_stop();
                                                turn_flag = 1;
                                                metalsensor_flag = 0;
                                                break;
                                        }
                                        else
                                        {
                                                non_Holonomic(0,0,-120);
                                        }
                                }
                    }
                        else non_Holonomic(400,0,0);            //라인 카운터 아닐 때 직진속도
                        }
                    }
                    else        // 라인 카운터가 되었을 때
                    {
                            if(line_det == 1)       // 라인 카운터 이후 크로스 라인
                            {
                                    if(turn_dir == 1)    // 오른쪽
                                    {
```

```
                        motor_all_stop();
                        _delay_ms(100);
                        non_Holonomic(350,0,0);
                        distance(0, 3);
                        non_Holonomic(0,0,-120);
                        distance(-10, 3);
                        while(1)
                        {
                                line_det = line_dect();
                                if(line_det == 4)
                                {
                                        motor_all_stop();
                                        line_cnt_flag = 0;
                                         LED1_OFF();
                                        break;
                                }
                                else
                                {
                                        non_Holonomic(0,0,-120);
                                }
                        }
                }
                else if(turn_dir == 2)          // 왼쪽
                {
                        motor_all_stop();
                        _delay_ms(100);
                        non_Holonomic(350,0,0);
                        distance(0, 3);
                        non_Holonomic(0,0,120);
                        distance(10, 3);
                        while(1)
                        {
```

```
                                        line_det = line_dect();
                                        if(line_det == 4)
                                        {
                                                motor_all_stop();
                                                line_cnt_flag = 0;
                                                 LED2_OFF();
                                                break;
                                        }
                                        else
                                        {
                                            non_Holonomic(0,0,120);
                                        }
                                }
                        }
                        else        non_Holonomic(400,0,0);
                }
                else if(metalsensor_flag == 1)  // 금속 센서 감지 되면
                {
                        if(turn_dir == 1)       // 우측 방향
                        {
                                while(1)
                                {
                                        line_det = line_dect();
                                        if(line_det == 4)
                                        {
                                                motor_all_stop();
                                                line_cnt_flag = 0;
                                                metalsensor_flag = 0;
                                                 LED1_OFF();
                                                break;
                                        }
                                        else
```

```
                        {
                                holonomic(260,-400);
                        }
                }
        }
        else                    // 좌측 방향
        {
                while(1)
                {
                        line_det = line_dect();
                        if(line_det == 4)
                        {
                                motor_all_stop();
                                line_cnt_flag = 0;
                                metalsensor_flag = 0;
                                LED2_OFF();
                                break;
                        }
                        else
                        {
                                holonomic(100,400);
                        }
                }
        }
}
else if(line_det == 5) //우측에 라인존재, 우측으로 이동
{
        non_Holonomic(0,0,-90);
        distance(-1,1);
}
else if(line_det == 6) // 좌측에 라인 존재, 왼쪽으로 이동
{
```

```
                    non_Holonomic(0,0,90);
                    distance(1,1);
                }
                else
                {
                    non_Holonomic(400,0,0);        // 직진 속도
                }
            }
        }
}
```

- IR 센서 금속센서를 활용하여 라인을 카운터를 수행하여 방향 결정 후 동작하는 데모 함수이다. 이는 예를 들어 작성한 알고리즘이므로 언제든지 사용자가 원하는 구문으로 대체하여 작성하여도 무방하다. 기본 함수는 위에서 설명하였으므로 언급하지 않도록 한다. 주변 환경에 따라 IR 센서의 감도가 변경될 수 있으므로 감도 조절을 하여 센서가 먼저 인식하는지 확인하도록 한다.

- IR 센서 및 금속 센서를 이용하여 주행 중 라인을 카운트하여 방향을 결정하는함수는 주행 중 1개 또는 2개의 가로라인을 검출하여 교차로를 만나면 이미 검출된 가로라인에 따라 방향을 결정하여 주행하는 것이다. 본 맵에서는 주행 중 1개의 가로라인을 우측방향, 2개의 가로 라인은 좌측 방향으로 결정하였다. 또한 가로 라인 검출 후 금속 라인을 만나면 가로 라인의 개수에 따라 우측 또는 좌측으로 이동하여 진행한다. 본 맵에 사용된 알고리즘은 크게 라인이 카운팅되었는지 안되었는지로 구분하였다. 이는 line_cnt_flag라는 변수를 사용하여 가로라인이 1개이상 카운팅 되면 플래그를 셋트하여 다음 교차점을 만나면 회전 후 다시 클리어한다. 진행 방향에서 마지막 가로라인 검출 후 크로스 라인을 만나면 위의 알고리즘과 동일하게 동작 하나, 다른 하나는 라인의 끝에 금속라인이 있어 금속라인을 인식하고 회전하여 다시 원래 진행 방향으로 주행하도록 한다.

4.1.3 과제 실습 보고서

실습 제목		날 짜	년 월 일
학과 및 학년		실습조	
실습자 학번		실습자 성명	

● 과제 실습 결과

과제명	결 과

● 고찰

고 찰

5 모의 대회

5.1 1과제

5.1.1 경기장 구성

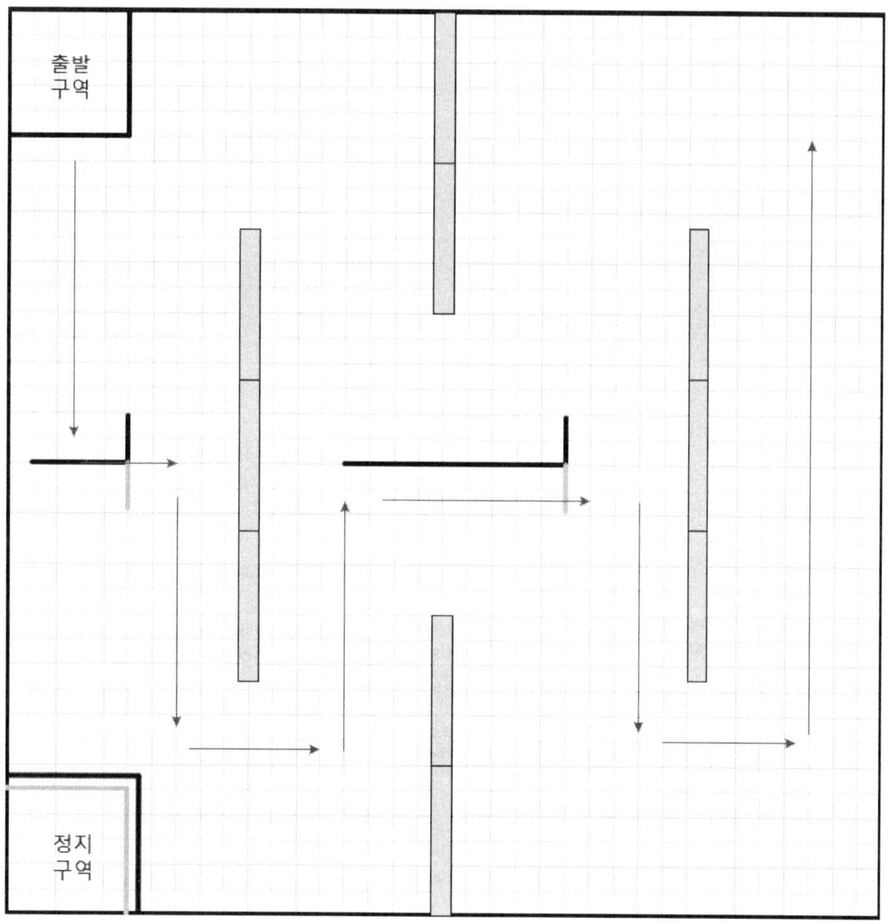

과제 수행을 위한 경기장은 위와 같이 블록과 출발, 도착영역, 진행방향 결정을 위한 검정색 테이프와 금속 테이프(19~20mm)이 겹쳐 붙여져 있다. 진행 방향의 결정은 심사장이 정한다. 위 그림처럼 금속 라인을 진행 방향으로 할 경우 그림에서 오른쪽 방향으로 진행을 하여 마지막 벽을 한바퀴 돌아 정지구역으로 돌아오는 과제이다. 정지구역으로 돌아오는 경로는 규정하지 않는다.

5.1.2 경기 방법

- 출발점에서 출발하여 로봇에 장착된 각종 센서를 활용하여 그림과 같은 방향으로 경로를 통과 한 후 지정된 정지구역에 가장 빨리 정확히 도착하는 것을 목표로 한다.
- 경로의 벽이나 경기장 외벽에 로봇이 충돌할 경우 감점을 수행한다.
- 라인을 타는 곳에서 라인을 벗어날 경우 감점을 수행한다.
- 돌아오는 경로는 심사장이 지시할 수도 있고 자유롭게 수행할 수도 있다.
- 경기시간 측정은 경기 시작과 동시에 시간을 측정하여 과제를 수행 후 로봇이 지정된 도착지점에 정확히 안착 후 경기 종료를 알리는 부저를 울릴 때까지 측정한다.

5.1.3 과제 실습 보고서

실습 제목		날 짜	년 월 일
학과 및 학년		실습조	
실습자 학번		실습자 성명	

● 과제 실습 결과

과제명	결 과

● 고찰

고 찰

5.2 2과제

5.2.1 경기장 구성

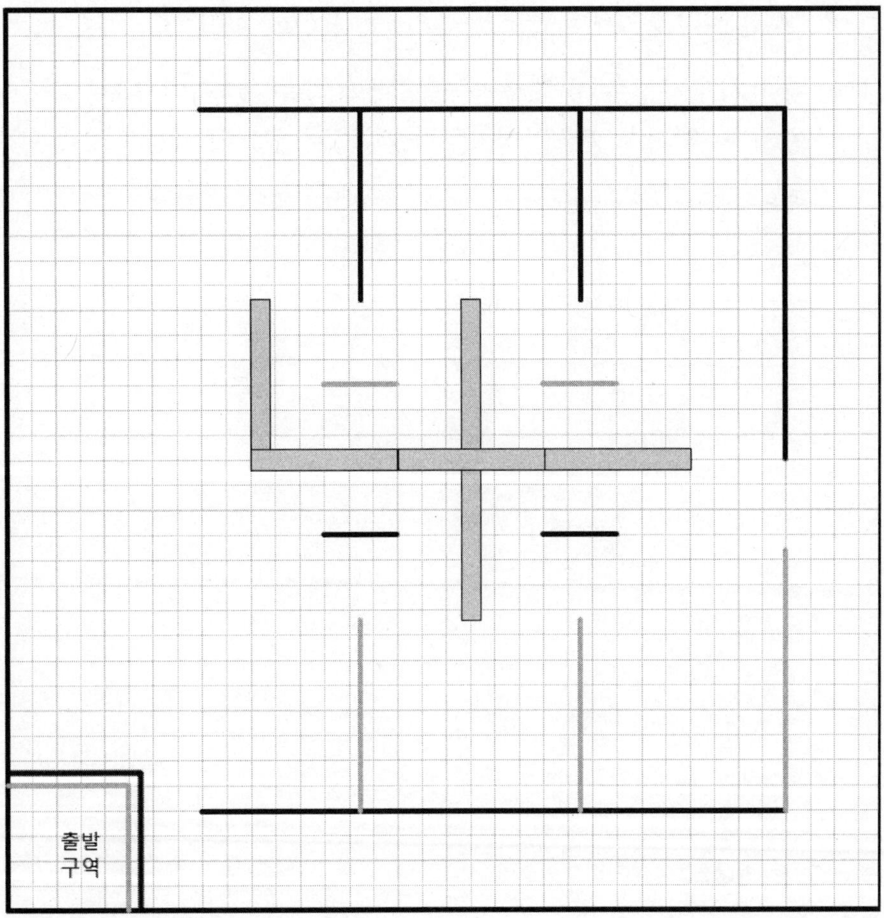

과제 수행을 위한 경기장은 그림과 같이 경기 경로가 구성되어 있다. 블록으로 꾸며진 미로에서 금속 테이프 또는 검정색 테이프가 꾸며져 있다. 경기장은 출발 구역은 있으나 정지 구역은 없다.

5.2.2 경기 방법

- 출발점에서 출발하여 로봇에 장착된 각종 센서를 활용하여 블록 앞쪽에 그어져 있는 금속 또는 검은색 라인을 인식하여 부저를 울린다. 단 금속테이프와

검은색 테이프로 표시된 곳의 진입 순서는 심사장이 정한다.

- 경로의 벽이나 경기장 외벽에 로봇이 충돌할 경우 감점을 수행한다.
- 라인을 타는 곳에서 라인을 벗어날 경우 감점을 수행한다.
- 경기 시간 측정은 경기 시작과 동시에 시간을 측정하여 4개의 라인을 모두 인식 한 후 경기 종료를 알리는 LED1, 2를 점등 할 때까지 경기 시간을 측정한다.

5.2.3 과제 실습 보고서

실습 제목		날 짜	년 월 일
학과 및 학년		실습조	
실습자 학번		실습자 성명	

● 과제 실습 결과

과제명	결 과

● 고찰

고 찰

5.3 3과제

5.3.1 경기장 구성

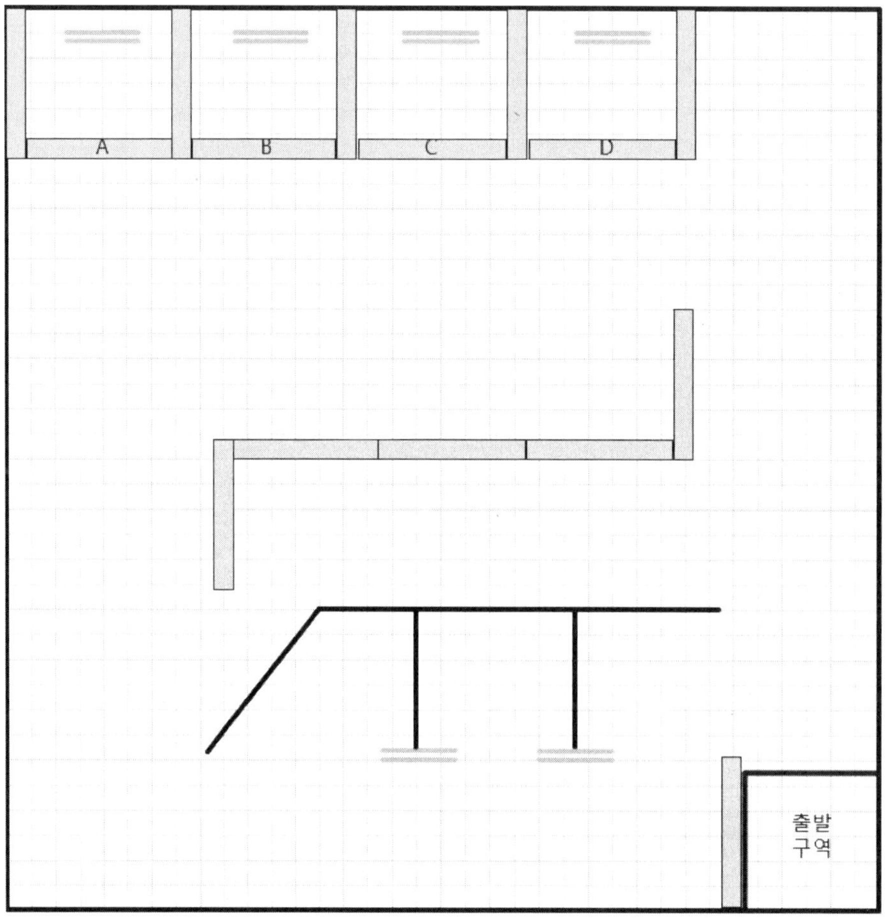

과제 수행을 위한 경기장은 그림과 같이 경기 경로가 구성되어 있다. 블록으로 꾸며진 미로와 금속 테이프 또는 검정색 테이프가 꾸며져 있다. 경기장은 출발 구역은 있으나 정지 구역은 없다.

5.3.2 경기 방법

- 출발점에서 출발하여 로봇에 장착된 각종 센서를 활용하여 2줄로 된 금속 라인을 모두 인식하는 경기이다. 이때 A, B, C, D 구역은 심사장이 랜덤으로 2개만 개방하여 진행하도록 한다.

- 경로의 벽이나 경기장 외벽에 로봇이 충돌할 경우 감점을 수행한다.
- 라인을 타는 곳에서 라인을 벗어날 경우 감점을 수행한다.
- 경기 시간 측정은 경기 시작과 동시에 시간을 측정하여 4개의 금속 라인을 모두 인식 한 후 경기 종료를 알리는 LED1, 2를 점등할 때까지 경기 시간을 측정한다.

5.3.3 과제 실습 보고서

실습 제목		날 짜	년 월 일
학과 및 학년		실습조	
실습자 학번		실습자 성명	

● 과제 실습 결과

과제명	결 과

● 고찰

고 찰

Ⅳ. 부 록

1 블루투스(Bluetooth)의 이해

1.1 블루투스(Bluetooth) 란?

1.1.1 블루투스(Bluetooth) 이름의 유래

원래 Bluetooth는 말 그대로 "파란이빨"이란 뜻인데, 10세기 스칸디나비아 반도의 덴마크 및 노르웨이를 통일한 바이킹 헤랄드 블루투스(Harald Bluetooth : 910 ~ 985)의 이름에서 유래가 되었다. 헤랄드 블루투스가 스칸디나비아 반도를 통일한 것처럼 서로 다른 통신 장치 기기들 간에 선이 없고 단일화된 연결을 통일하자는 의미로 Project 명으로 사용하던 것이 지금은 Brand 이름으로 확정된 것이다. 또 헤랄드 블루투스가 여행가로도 유명한 것처럼 호환성을 지닌 블루투스 기술이 전 세계를 어디를 여행하든 단일 장비로 통신이 가능하도록 모든 통신환경을 일원화시켜 주길 바라는 뜻이다.

1.1.2 블루투스 개요

블루투스(Bluetooth)란 10m 이내의 단거리에서 최대 1Mbps의 속도로 데이터를 전송할 수 있는 단거리 무선 통신 기술을 말한다. 유럽의 이동통신 단말기 업체들이 주축이 돼 규격을 개발했으며 1998년 6월 스웨덴의 에릭슨, 미국의 IBM과 인텔, 핀란드의 노키아, 일본의 도시바등 5개 업체가 주도적으로 블루투스 SIG (Special Interest Group)를 결성했다. 1999년 7월 버전 1.0에 대한 발표를 시작으로 2001년 2월에 버전 1.1이 발표되었으나, 그 기본은 1994년 에릭슨의 이동통신 그룹 내의 휴대폰과 주변기기의 무선 인터페이스 연구에 기초를 하고 있다. SIG는 근거리 통신, 일대다 통신, 저 파워 소모, 저가격을 특징으로 하는 블루투스 표준을 제정하였다. 이는 디바이스에 직접 또는 어댑터를 통해 탑재되어 무선환경을 제공하는 무선 통신 규약 중 하나이며 IEEE 802.15에 표준화되어 있으며 현재 버전 4.2까지 발전하였다. 비 허가 대역인 2.4GHz ISM(Industrial Scientific Medical) 주파수 대역에서 동작하여 출력이 1mW인 경우는 약 10m, 출력이 100mW인 경우는 100m까지 가능하다. 하나의 블루투스 장치가 10m 이내에 있는 다른 블루투스 장치를 발견하면 두 장치는 자동적으로 연결된다. 이 연결을 피코넷(piconet)이라고 하며 일정의 작은 개인 영역 네트워크(Personal Area Network, PAN)라고 할 수 있다. 이러한 피코넷 내부에서는 하나의 블루투스 장치가 마스터(Master) 역할을 하며, 나머지 다른 블루투스 장치는 슬레이브(Slave) 역할을 한다. 이때 마스터 장치가 각 장치 사이의 데이터 통신을 조정한다. 단 슬레이브는 동시에 7개까지 지원된다. 블루투스는 키보드, 마우스, 스피커, 디지털 카메라, 휴대폰, PDA, 노트북과 같은 장치에 블루투스 칩을 탑재함으로써 구현할 수 있으며 해외에서는 다양한 제품과 어플리케이션이 등장하고 있다. 블루투스는 차폐물 투과성이 있어 휴대 정보통신 기기를 가방이나 주머니에 넣은 채로 다른 정보통신 기기와 통신할 수 있다는 장점이 있다.

1.1.3 블루투스 규격

블루투스 규격은 크게 2개로 나누어지는데 물리적인 부분과 그에 필요한 Firmware를 기술한 Core 사양과 상호 기기간의 호환성을 위해 마련한 프로파일(Profile)로 나누어져 있다. 프로파일은 블루투스를 최상위 Application에서 어떻게 사용할지를 정의한 규격이다. 대표적인 프로파일로는 헤드셋을 들 수 있다. 헤드셋은 휴대폰이나 PC등을 이용하여 음성 통화를 할 수 있는 마이크가 내장된 헤드폰을 생각하면 된다. 블루투스 마크가 부착된 헤드셋을 구입했다면 전세계 어디서나 호환이 된다.

Part 1	Generic Access Profile
Part 2	Service Discovery Profile Application Profile
Part 3	Cordless Telephony Profile
Part 4	Intercom Profile
Part 5	Serial Port Profile
Part 6	Headset Profile
Part 7	Dial-up Networking Profile
Part 8	Fax Profile
Part 9	Lan Access Profile
Part 10	Generic Object Exchange Profile
Part 11	Object Push Profile
Part 12	File Transfer Profile
Part 13	Synchronization Profile

1.1.4 블루투스 망 구성(Topology)

블루투스 시스템은 점대점(point to point), 점대다점(point to multipoint) 연결을 지원한다. 1개의 마스터와 최대 7개의 슬레이브 유니트로 구성되어 있는 피코넷은 에드혹(ad-hoc) 형태로 연결된다. 즉 피코넷은 정보를 교환하기 위해 같은 채널을 공유하고 있는 장치들의 집합이다. 하나의 채널을 공유하는 2개 또는 그 이상의 블루투스 장치는 하나의 피코넷을 형성한다. 채널상의 트래픽을 제어하기 위하여 통신에 참여하는 장치 중의 하나가 피코넷의 마스터가 되고 나머지 다른 장치들은 슬레이브가 된다. 어떠한 장치도 마스터가 될 수 있지만 피코넷을 설정한 장치가 이 역할을 맡는 것으로 간주하고 슬레이브 장치가 마스터 역할을 넘겨받기를 원하면 역할을 교환할 수 있다. 이렇게 자동적으로 장치들간의 마스터 슬레이브 역할 교환 설정을 하는 것을 에드혹(ad-hoc) 연결이라 할 수 있다. 모든 장치는 자신의 free running 클럭을 가지고 있는데, 피코넷에 있는 모든 장치는 호핑 채널을 따르기 위하여 마스터 장치의 주소와 클럭을 사용한다. 연결이 설정되면 슬레이브 클럭과 마스터 클럭의 동기를 맞추기 위하여 클럭 옵센이 더해진다. 자기 자신의 클럭을 조정하지 않고, 다만 연결 동안에는 옵셋만이 유효하다. 마스터 장치는 채널 상에서 모든 트래픽을 제어한다. 마스터 장치들은 슬롯을 보유하여 SCO링크(음성통신용: Synchronous Connection Oriented)에 대한 용량을 할당한다. ACL 링크(데이터 통신용: Asynchronous ConnectionLess)에 대해서는 폴링 방식을 사용한다. 먼저 Master-to-Slave 슬롯에서 MAC 주소에 의해 지정되었을 때만 슬레이브는 Slave-to-master 슬롯에 전송을 할 수 있다. 하나의 슬레이브로 보내진 트래픽 패킷은 자동적으로 슬레이브를 선택한다. 슬레이브로 보낼 정보가 없다면, 마스터는 슬레이브를 선택하기 위한 패킷을 사용할 수 있다. 이 패킷은 엑세스 코드와 헤더만으로 구성되어 있다. 이러한 중앙 폴링 방식은 슬레이브 전송간에 출동을 없앨 수 있다. 그리고 스케터넷(Scatternet)은 이러한 피코넷들이 한 슬레이브 유니트를 공유하면서 통신 범위를 확장한 형태를 말한다.

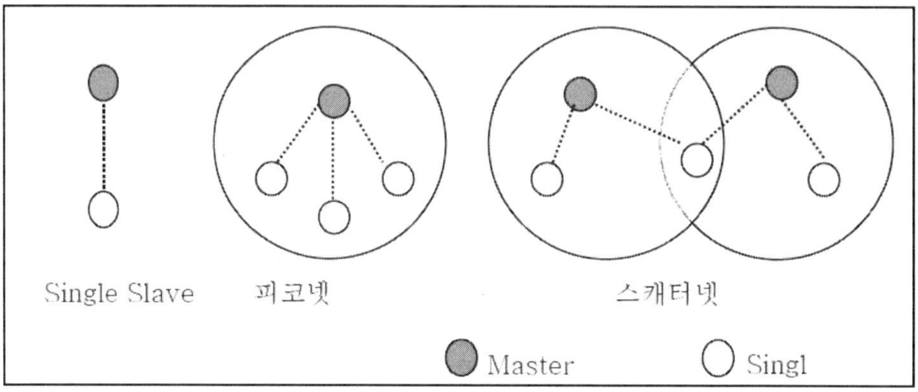

[그림 98] 블루투스 연결 형태

2 블루투스를 이용한 로봇 제어

2.1 Core-MMR의 블루투스 구성

2.1.1 블루투스 위치 및 회로 구성

● 블루투스 부착 위치

Core-MMR의 블루투스는 아래 그림의 위치에 부착되어 있다. 먼저 ①번은 블루투스를 사용할 것인지 사용하지 않을 것인지에 여부를 결정하는 스위치이며, ②번은 블루투스 모듈을 나타낸 것이다. ①번의 스위치에 대한 내용은 아래 표와 같다.

[그림 99] 블루투스 모듈 및 제어 스위치 위치

스위치 분류	설명
스위치 1	블루투스 ON/OFF 결정 (ON : 블루투스, OFF : Camera)
스위치 2	블루투스 송신(Tx)와 프로세서 수신(Rx) 연결
스위치 3	블루투스 수신(Rx)와 프로세서 송신(Tx) 연결
스위치 4	카메라 송신(Tx)와 프로세서 수신(Rx) 연결
스위치 5	카메라 수신(Rx)와 프로세서 송신(Tx) 연결

위 스위치는 프로세서의 시리얼 송·수신 포트(UART1)에 블루투스와 카메라를 부착하여 사용하기 위하여 하드웨어적으로 신호선을 제어한다. 스위치 1번은 ON하면 블루투스를 사용할 수 있으며, OFF하면 블루투스 사용이 불가능

하다. 블루투스 사용 시 스위치 1, 2, 3,을 모두 ON하여야하며, 카메라 사용 시 스위치 1은 OFF, 스위치 4, 5은 ON하여야 카메라 모듈 사용이 가능하다.

● 블루투스 회로도

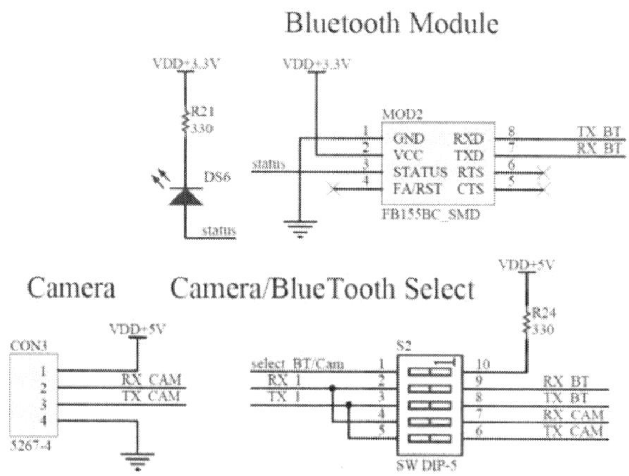

2.1.2 블루투스 앱 구성

안드로이드 폰에서 사용되어지는 로봇 제어 앱은 아래 그림과 같다.

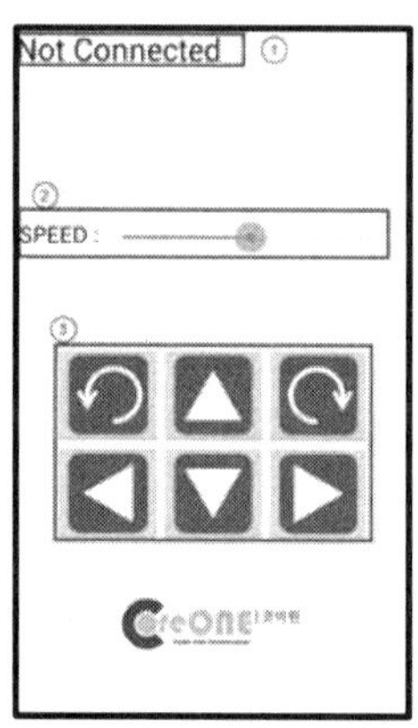

번 호	설 명
1	연결 상태 표시
2	로봇의 속도 제어
3	로봇의 방향제어 버튼 그룹

그림에서 ①은 안드로이드 폰의 앱과 Core-MMR로봇의 블루투스 연결 상태를 나타낸다. ②는 로봇의 속도 제어를 위한 것이며 오른쪽으로 갈수록 속도는 증가한다. 속도는 0 ~ 800까지이며, 이는 로봇의 속도를 나타낸다. 속도는 약 250이상이 되어야 로봇이 구동된다. ③은 로봇의 방향을 제어하는 버튼이 있는 그룹이다. 화살표 방향과 같이 앞, 뒤, 좌, 우, 우측으로 회전, 좌측으로 회전이 있다. 좌측이동과 우측이동은 로봇이 전방을 바라보고 있는 상태에서 좌측 또는 우측으로 회전하지 않고 이동한다.

2.2 블루투스를 사용한 Core-MMR 로봇 제어

2.1.3 안드로이드 앱 사용 방법

① 안드로이드 폰에 설치되어 있는 어플을 실행 시킨다.

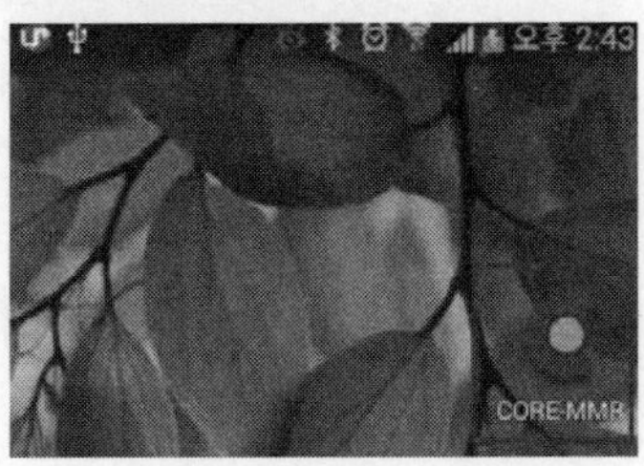

② 아래와 같이 앱이 실행되면 휴대폰의 메뉴 버튼을 누른다.

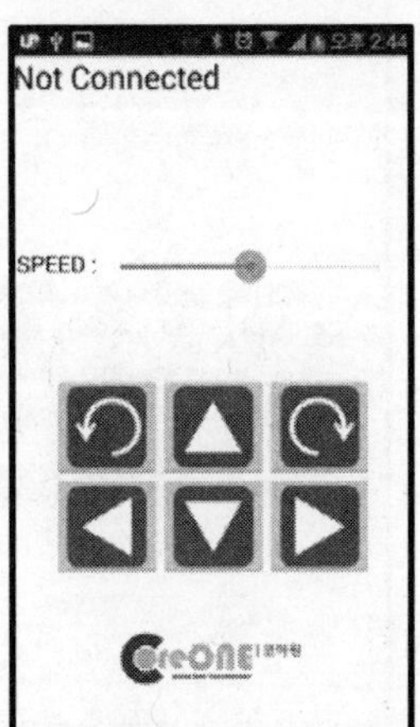

③ 앱 화면 아래쪽에 "블루투스 검색"버튼을 검색된 블루투스 모듈 중 로봇의 블루투스 ID를 선택한다. 최초 블루투스 연결시 연결 암호를 물어보는 창이 나타나면 암호(1234)를 입력한다. 블루투스가 선택되면 "연결중.."이라는 문구가 뜨고 연결이 완료되면 연결되었다는 메시지가 출력된다.

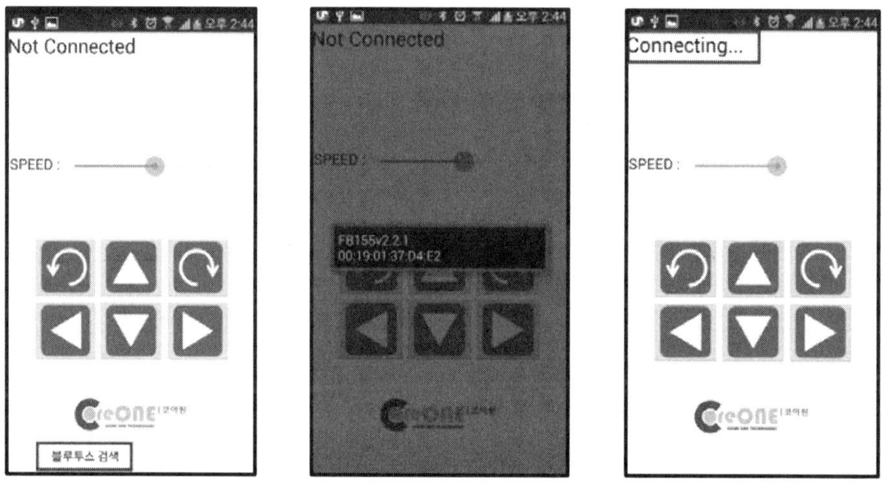

④ 연결되면 "속도" 버튼 및 "방향 제어 버튼"을 이용하여 로봇을 제어하는 실습을 진행하면 된다.

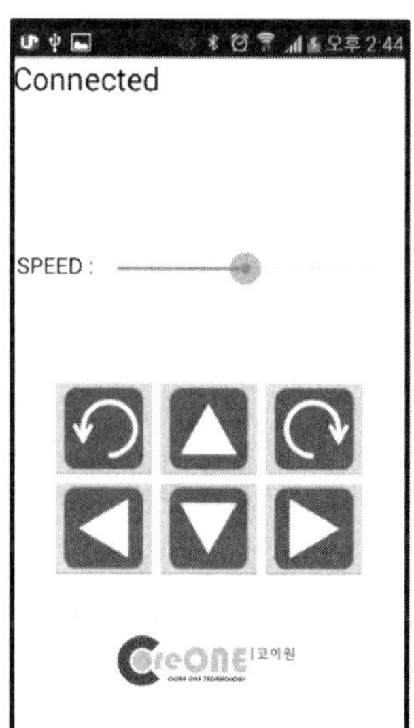

참고자료

1. ATmega128 datasheet, Atmel

2. 윤덕용, AVR ATmega128 마스터, Ohm사

3. 최한호, 마이콤 기초와 응용 강의노트 , 동국대학교

4. 이상설, 마이크로 컨트롤러 AVR ATmega128 상태도를 이용한 시스템 설계, 한빛아카데미

5. 이인석, AVR ATmega128 마이크로 컨트롤러 활용, 홍릉과학출판사

6. LC1625 Datasheet

7. GP2Y0A41SK0F Datasheet, SHARP

8. PR18-5DN Datasheet, Autonics

9. L298N Datasheet, STMicroelectronics

AVR ATmega128을 이용한 에너지 절감형 미니모바일 로봇

저　자 : 김성진(충북대학교), 심승환(코아원 대표), 오도봉(코아원 책임연구원)
발행처 : 충북대학교 출판부
발행인 : 윤 여 표
주　소 : (361-763) 충북 청주시 서원구 충대로1(개신동)
전　화 : (043) 261-2952, 3014
팩　스 : (043) 274-1256
이메일 : presscbu@chungbuk.ac.kr
등　록 : 제1983-2001-7호
초판1쇄 : 2015. 12. 21.
인쇄처 : 삼성디자인기획 042)221-3111

* 본 교재는 2014년 산업통상자원부 재원으로 한국에너지기술평가원 (KETEP)의 지원을 받아 수행한 연구과제입니다. (NO. 20144030200450)

ISBN 978-89-7295-237-4 96550

정가 16,000원